AF300139

DROIT ROMAIN

DE
L'EXTINCTION DE L'USUFRUIT

DROIT FRANÇAIS

DES ATTRIBUTIONS

DU

PRÉSIDENT DES ASSISES

DE LA

COUR D'ASSISES ET DU JURY

THÈSE POUR LE DOCTORAT

PAR

LOUIS ZAMBEAUX

AVOCAT A LA COUR D'APPEL DE PARIS

PARIS

LIBRAIRIE NOUVELLE DE DROIT ET DE JURISPRUDENCE

ARTHUR ROUSSEAU, ÉDITEUR

14, RUE SOUFFLOT ET RUE TOULLIER, 13.

1887

THÈSE
POUR LE DOCTORAT

DROIT ROMAIN

DE

L'EXTINCTION DE L'USUFRUIT

DROIT FRANÇAIS

DES ATTRIBUTIONS

DU

PRÉSIDENT DES ASSISES

DE LA

COUR D'ASSISES ET DU JURY

THÈSE POUR LE DOCTORAT

L'ACTE PUBLIC SUR LES MATIÈRES CI-APRÈS
Sera soutenu le jeudi 23 juin 1887 à 2 heures et demie.

PAR

LOUIS ZAMBEAUX

AVOCAT A LA COUR D'APPEL DE PARIS

Président : M. CAUWÈS

Suffragants { MM. LÉVEILLÉ — MICHEL HENRY } *Professeurs.*
{ LE POITTEVIN } *Agrégé.*

PARIS

LIBRAIRIE NOUVELLE DE DROIT ET DE JURISPRUDENCE

ARTHUR ROUSSEAU, ÉDITEUR

14, RUE SOUFFLOT ET RUE TOULLIER, 13.

1887

DROIT ROMAIN

DE L'EXTINCTION DE L'USUFRUIT

(Digeste, Liv. VII, Tit. IV)

INTRODUCTION

1. — Le droit de propriété procure à la personne qui en est titulaire, divers avantages qu'il est de tradition de distinguer en trois catégories : l'*usus*, le *fructus*, l'*abusus*. De cette distinction est venue l'idée de démembrer la propriété de telle sorte que ses divers avantages soient répartis entre plusieurs personnes. Par exemple, Primus peut avoir le *jus utendi*, Secundus le *jus fruendi*, Tertius le *jus abutendi*.

2. — Le droit à une partie des avantages de la propriété, et spécialement le *jus utendi fruendi* dont nous avons seulement à nous occuper, ne doit pas être considéré comme une part du droit de propriété. En ce qui concerne l'usufruit, néanmoins, une hésitation est possible, certains textes le qualifiant expressément de *pars dominii*, d'autres donnant des solutions qui paraissent supposer que l'usufruit est une part de la propriété (L. 4, *De usufructu*. L. 66, §6 *De leg.*, 2°) (1). — Il serait cependant inexact de conclure de ces textes que l'usufruitier est copropriétaire de la chose grevée ; en effet, d'une part, un grand nombre de lois contredisent formellement ou implicitement celles que nous venons de citer (v. notamment, L. 25, pr. *De verb. sign.*), d'autre part, il n'est pas impossible de concilier avec la doctrine suivant laquelle l'usufruit n'est pas une part de la propriété le fragment 4 *De usuf.* et autres analogues. Les textes qui nient que l'usufruit soit une part de propriété, et le qualifient de *proprium quiddam*, de *jus*, de *servitus*, expriment le principe. Les textes qui qualifient l'usufruit de *pars dominii* constatent simplement que, par exception, dans certains cas, l'usufruit, au lieu de suivre les règles qui lui sont propres ou qui lui sont communes avec les servitudes prédiales, est assimilé à un droit de copropriété.

3. — De ce que l'usufruit n'était pas une part de la propriété, les jurisconsultes ont conclu qu'il n'était

(1) Les textes cités sans indication d'origine appartiennent au *Digeste*.

pas nécessaire que ce droit fut, comme la propriété, illimité quant à sa durée. A la vérité l'usufruit constitue, comme la propriété, un rapport entre la personne titulaire du droit et la chose qui en est l'objet, de telle sorte que la perpétuité du rapport paraît aussi naturelle dans un cas que dans l'autre. Mais il faut remarquer que le rapport de propriété est établi entre une personne et une chose qui n'appartient à aucune autre personne ; au contraire le rapport d'usufruit est établi entre une personne et une chose appartenant à autrui. Il y a donc, dans ce dernier rapport, un troisième terme dont il faut tenir compte, le propriétaire. Or, le propriétaire ayant, en vertu de son titre, droit à tous les avantages de la propriété, il en résulte que le *jus utendi fruendi* tend perpétuellement à lui revenir. L'usufruit doit donc être regardé comme un droit exceptionnellement et provisoirement détaché de la propriété. Dès lors, on comprend que le rapport qui le constitue ait été tenu pour moins durable que le rapport qui constitue la propriété, que par suite on ait, par exemple, autorisé sa constitution *ad tempus*, ou encore que l'on ait exigé, à peine d'extinction, que la personne de l'usufruitier et la chose grevée, c'est-à-dire les deux termes du rapport d'usufruit, se maintinssent identiquement dans leur état primitif, autrement dit que l'on ait admis l'extinction du droit d'usufruit dans des cas où il ne saurait être question de l'extinction du droit de propriété.

4. — Les considérations juridiques que nous venons d'exposer n'étaient pas seules à militer en faveur de l'extinction de l'usufruit. Elles étaient fortifiées par des considérations tirées de l'intérêt du nu propriétaire dont il convient de dire un mot. — L'usufruit a, au point de vue économique, de graves inconvénients : il n'excite pas à la bonne exploitation de la chose qui y est soumise, il est un obstacle aux améliorations, il déprécie le bien grevé au-delà de la charge qu'il supporte, il gène sa transmission entre vifs. De là résulte que le nu propriétaire subit, indépendamment de la privation de jouissance, une lésion plus grave que celle qu'il a cru devoir éprouver lorsqu'il a partagé avec un tiers les avantages de sa propriété, car il peut craindre pour la conservation de sa chose, et n'a même plus, en fait, la possibilité d'aliéner facilement son droit. Cet état de choses devait paraître fâcheux aux Romains dont on connaît le respect presque religieux pour le droit de propriété. Il leur parut tel en effet si nous en croyons notamment la loi 3 § 2 *De usufructu*, aussi l'extinction de l'usufruit fut-elle admise à titre de remède à ces inconvénients, non seulement comme une chose possible, mais comme une chose normale et même désirable.

5. — La nécessité d'une extinction dans l'intérêt du nu propriétaire devait naturellement, dès l'instant où elle était admise, exercer une influence considérable sur la théorie de l'usufruit. C'est en effet par elle que s'explique l'existence d'une foule de règles de la matière, la multiplication des causes d'extinction, l'obligation imposée à l'usufruitier par le préteur de promettre la restitution de la chose et une jouissance convenable (L. 1 pr. *Usuf. quem. cav.*), la réunion spontanée à la propriété de l'usufruit qui, même après abandon du titulaire à l'insu du propriétaire, ne devient jamais *res nullius* etc. Aussi, étant désireux d'étudier les règles de l'usufruit, et ne pouvant les exposer toutes, avons-nous pensé qu'il serait intéressant de faire de *l'extinction de l'usufruit* l'objet de ce travail. Ce sujet ne nous permettra pas, il est vrai, de parcourir l'ensemble des théories juridiques faites par les Romains sur le *jus utendi fruendi* ; il nous permettra tout au moins de faire allusion à la plupart d'entre elles, et il nous donnera, plus que tout autre, le moyen de constater les idées générales des Romains relativement à ce démembrement de la propriété.

6. — Nous étudierons, dans une première partie, les modes d'extinction pris en eux-mêmes. — Dans une deuxième partie, nous verrons 1° les moyens imaginés par la pratique pour obvier à la perte future d'un usufruit ; 2° les conséquences de l'extinction. Nous nous occuperons enfin, dans un appendice, de l'extinction du quasi-usufruit et de la créance d'usufruit.

MODES D'EXTINCTION

7. — Les modes d'extinction de l'usufruit sont énumérés par Paul au Liv. 3, tit. 6, §§ 28 et 33. « *Ususfructus amittitur quinque modis : capitis minu-* « *tione, rei mutatione, non utendo, in jure cessione,* « *dominii comparatione. Finitur... aut morte aut tem-* « *pore* ».

8. — Cette énumération appelle trois observations 1° elle n'est pas complète ; 2° les modes d'extinction qu'elle cite (et ceux que nous y ajouterons) s'appliquent aussi bien à l'usufruit civil qu'à l'usufruit prétorien (L. 1, pr. *h. t.*); 3° il paraît que par l'opposition des mots *finitur* et *amittitur*, Paul a marqué que la mort et le terme sont les deux modes normaux d'extinction de l'usufruit, au contraire des cinq autres qui sont accidentels. Quoi qu'il en soit, cette distinction n'a pas d'intérêt pratique.

9. — A la liste des modes d'extinction donnée par Paul, il faut ajouter l'événement de la condition et la

résolution du droit du constituant (1). Mais l'usufruit ne s'éteint, ni par le changement du nu propriétaire (L. 19, *h. t.*), ce qui paraît évident, ni par abus de jouissance, ainsi qu'il résulte de la loi 1 § 5 *Usuf. quem cav.*, qui nous dit qu'en cas d'abus le recours de l'usufruitier consistera dans l'exigibilité immédiate de la *cautio usufructuaria*, sans attendre que l'usufruit s'éteigne : donc il n'est pas éteint malgré qu'il y ait eu abus.

10.— On a prétendu, malgré ce texte, que l'usufruit s'éteignait par abus de jouissance, et l'on s'est fondé pour le dire, d'une part sur l'analogie existante entre l'usufruitier et le locataire qui, lui, peut être expulsé pour ce motif (L. 3, C. *De loc.*) ; d'autre part sur la loi 9 § 5 *De damn. inf.*, qui dit *in fine* « *eum quoque* « *fructuarium qui non reficit a domino uti frui prohi-* « *bendum.* »

Nous répondons par deux arguments : 1° Il n'y a aucune assimilation à faire entre le locataire et l'usufruitier. En effet : *A.* Le locataire ne fournit pas de *satisdatio*, de sorte qu'en le supposant insolvable, l'expulsion est le seul moyen de garantir le propriétaire contre ses abus de jouissance. L'usufruitier au contraire fournit ordinairement une *satisdatio*, de sorte qu'en le supposant insolvable, il y a pour le propriétaire un autre moyen que l'expulsion pour garantir

---

(1) La veuve qui se remarie perd, au profit des enfants du premier lit, l'usufruit que lui avait légué son mari (L. unic. C. *si sec. nups.*)

ses droits, c'est de recourir contre la caution. On comprend donc que la solution rigoureuse de la déchéance, qui a été admise dans la première hypothèse parce qu'elle était indispensable, n'ait pas été étendue à la deuxième hypothèse où l'on pouvait s'en passer : *B*. Le locataire expulsé ne paye plus de loyer ; l'usufruitier déchu perd ce qu'il a donné en échange de son droit quand il l'a acquis à titre onéreux. La déchéance a donc des conséquences moins fâcheuses pour le locataire que pour l'usufruitier. On comprend qu'elle ait été admise en ce qui touche le locataire, répoussée en ce qui concerne l'usufruitier. 2º La loi 9 ne dit pas que l'usufruitier qui refuse de faire les réparations nécessaires sera déchu de son droit, mais bien qu'on peut l'empêcher de jouir temporairement tant qu'il ne remplira pas ses obligations. D'ailleurs, dans cette hypothèse comme dans d'autres analogues, il se pourra faire que l'usufruitier ainsi privé de sa jouissance perde son droit ; mais ce sera par non usage, non pour cause d'abus de jouissance.

§ 1. — Décès du titulaire

11. — Le plus sûr moyen d'éviter « *ne in universum* « *inutiles essent proprietates, abscedente usufructu* », résultat fâcheux dont parle la loi 3 § 2 *De usuf.* à laquelle nous nous sommes déjà référés, était de subordonner l'existence du droit d'usufruit à la vie de l'usufruitier. C'est ce qui fut fait. « *Morte… amitti* « *usumfructum non recipit dubitationem* » dit la loi 3, § 31 *h. t.* ; et cette subordination fut tellement rigoureuse que l'usufruit apparut aux jurisconsultes comme un droit inhérent à la personne même, ainsi que le démontrent les mots « *personæ cohæret* » du texte précité.

12. — Du caractère viager de l'usufruit, découlent deux conséquences intéressantes pour nous :

1° En cas de cession, l'usufruit finit néanmoins à la mort de l'usufruitier, et, sauf exception, le cessionnaire ne peut se plaindre à son héritier, « *quia hoc* « *evenire posse prospicere debuit.* » (L. 9, § 1. *Loc. cond.*).

2° Aucune convention, aucune disposition testamentaire ne peuvent rendre l'usufruit transmissible aux héritiers. La loi 5, pr. *h. t.*, suppose, il est vrai, qu'un usufruit advient aux héritiers (1) de l'usufruitier, mais il ne faut pas confondre cette dernière hypothèse avec celle d'une transmission héréditaire. La loi 5 s'occupe, en effet, non d'un seul, mais de deux legs d'usufruit, dont le premier profite à l'usufruitier dès le décès du testateur, le deuxième aux héritiers de l'usufruitier à la mort de l'usufruitier seulement. L'intérêt pratique de cette remarque est considérable. En effet, avec la dualité de legs : —

---

(1) Contrairement à la loi 65 *De verb. sign.* et par analogie de la loi 14 C. *De usuf.* on admet que, dans cette espèce, le mot *héritiers* désigne les seuls héritiers immédiats de l'usufruitier.

A. Les héritiers de l'usufruitier doivent être vivants et capables à l'époque de la confection du testament. — *B*. Ils peuvent recueillir le legs de leur chef si l'usufruitier prédécède au testateur, pourvu qu'ils vivent au moment de l'acceptation. — *C*. Si l'usufruit a été recueilli par le premier légataire, ses héritiers qui commencent à jouir après son décès doivent renouveler la caution. — Les résultats inverses se produiraient avec un legs unique.

13. — Comme dans l'espèce précédente, il y a lieu de dire que plusieurs usufruits sont éventuellement constitués par le testateur à ses propres héritiers, dans le cas où la nue propriété a été léguée à un tiers, l'usufruit étant déduit en faveur des héritiers du testateur. Cependant, la validité d'un pareil legs fut contestée. Les Proculiens l'annulaient « *quia* « *ususfructus nunquam ad suam rediret proprieta-* « *tem,* » les Sabiniens le maintenaient en décidant que l'usufruit finirait avec l'héritier immédiat du testateur. Justinien adopta la doctrine Sabinienne (L. 14, C. *De usuf.*). — Du reste, une disposition expresse est nécessaire pour que cette transmission détournée de l'usufruit ait lieu.

Difficulté d'application.

14. — L'usufruit établi au profit d'une personne morale s'éteint par la cessation de l'existence légale de cette personne (L. 21, *h. t.*) ; mais que faire si, comme il est habituel, son existence se prolonge indéfiniment ? On décida, nous dit Gaïus, « *centum annos* « *observandos esse… ; qui finis vitæ longissimæ est* » (L. 8, *De usuf. leg.*).

Au sujet de cette décision, il faut faire une double remarque : 1° Le legs annuel d'une somme d'argent fait à une personne morale peut être perpétuel (L. 6, *De ann. leg.*). Un pareil legs, en effet, ne doit pas être confondu avec un legs d'usufruit, et le principe qui s'oppose à la séparation indéfinie de la jouissance et de la propriété ne peut trouver d'application dans cette hypothèse. — 2° Pour le calcul de la quarte Falcidie, on suppose que l'usufruit légué à une personne morale ne doit durer que 30 ans (L. 68, pr. *Ad. leg. Falc.*). Cela n'empêche pas l'usufruitière de jouir pendant ses 100 années, mais, comme il est possible qu'elle disparaisse avant l'expiration de ce terme, on admet le délai moins long déjà indiqué, qui n'a d'ailleurs d'influence que sur le calcul de la quarte.

§ II. —Capitis deminutio

15. — Elle consiste dans la perte totale ou partielle de l'état qu'on avait. De là trois conséquences.

16. — 1° Comme la mort elle éteint l'usufruit (L. 1, pr. *h. t.*), par la double raison qu'elle anéantit l'existence juridique actuelle de celui qu'elle frappe, et que l'usufruit, étant intransmissible, ne peut passer à une nouvelle personne juridique, cette personne fut-elle matériellement le même individu.

17. — 2° Il n'y a pas lieu de distinguer en droit classique, au point de vue de l'extinction de l'usufruit, suivant que la *capitis deminutio* est *maxima, media,* ou *minima,* l'anéantissement de la personnalité juridique étant identique, et l'intransmissibilité restant naturellement la même dans tous les cas.

Justinien modifia cette deuxième proposition. Il décida que la *minima capitis deminutio* de l'usufruitier ne lui ferait plus perdre son droit. En conséquence : *A*. l'adrogeant acquiert l'usufruit qui appartenait à l'adrogé au temps où il était *sui juris* (Inst. § 1, *de adq. per adr.*) *B*. Le fils de famille émancipé conserve pour lui l'usufruit qu'il avait acquis et qui faisait partie de son pécule *castrense* ou *quasi castrense* (L. 16, § 2, C. *De usuf*). Ces innovations et autres analogues, sont la conséquence des profondes modifications survenues dans l'organisation de la famille.

18. — 3° Les esclaves ne peuvent être *capite minuti* n'ayant aucun état. — Par dérogation à cette règle, et lorsque l'usufruit qu'ils ont acquis pour leur maître a été non pas stipulé mais légué, on donne, au point de vue particulier de l'extinction de l'usufruit, l'effet d'une *capitis deminutio* à leur affranchissement ou à leur aliénation. Remarquons qu'il faut que cette aliénation soit totale pour que le résultat ci-dessus indiqué se produise ; ainsi : *A*. l'usufruit légué à l'esclave ne s'éteindrait pas si le maître n'aliénait que l'usufruit de cet esclave (L. 5, § 1, *h. t.*) *B*. Il ne s'éteindrait pas non plus si une quote part de la propriété était seule aliénée. Nous devons ajouter cependant que ce dernier point était controversé. Une deuxième opinion concluait à l'extinction totale, une troisième à l'extinction partielle. — Justinien conserva intégralement le droit de l'usufruitier. (L. 15, C. *De usuf.*)

Difficultés d'application communes à l'extinction de l'usufruit
par décès et par *capitis deminutio*.

19. — A la mort ou à la *capitis deminutio* de qui cessera l'usufruit acquis au père de famille par son fils ou par son esclave? — Voici la distinction que donne le § 57 des *Fr. Vat.* : Lorsque l'usufruit a été acquis par acte entre vifs, il finit à la mort ou à la *capitis deminutio* du père de famille : on suppose probablement que l'intention des parties était de le rendre lui-même titulaire du droit. Si au contraire, l'usufruit a été acquis par testament, le legs étant fait *intuitu personæ*, le droit s'éteint à la mort, ou à la *capitis deminutio* (affranchissement, aliénation) du fils ou de l'esclave (1). Justinien introduisit une nouvelle distinction (L. 17, C. *De usuf.*). L'usufruit

(1) Quelques personnes, s'attachant aux mots *do lego* du fr. 57, n'acceptent cette solution que pour le cas de legs *per vindicationem*. Nous repoussons cette distinction, le jurisconsulte ayant opposé les actes entre-vifs aux legs, et non les legs *per vindicationem* aux legs *per damnationem* et aux actes entre vifs.

acquis par l'esclave finit toujours à la mort ou à la
capitis deminutio du maître, l'usufruit acquis par le
fils de famille ne s'éteint qu'à la mort ou à la *capitis
deminutio* du dernier, fils ou père, qui survit ou qui
conserve son état.

20. — Du chef de qui doit s'éteindre un usufruit
légué avec charge de le rendre à un fidéicommissaire ? — D'après le droit civil, c'est du chef du fiduciaire, car il reste titulaire du droit. Mais la loi 4, *h. t.*,
nous indique que pour respecter les intentions du
testateur « *id agere prætor debet, ut ex fideicommis-
« sarii personâ magis quam ex legatarii pereat usus-
« fructus* ». Le préteur obtient ce résultat en donnant au fidéicommissaire une action utile, qui lui
appartient en propre, et qui lui sert à protéger sa
jouissance lorsque l'action civile cédée par le fiduciaire a été éteinte. Bien entendu, par une juste réci-
procité, cet usufruit prétorien périt, du chef du bénéficiaire du fidéicommis, lorsque la mort, la *capitis
deminutio,* ou toute autre cause d'extinction, se réalise
en sa personne, à moins que, par interprétation de
la volonté du testateur, le fiduciaire ne doive être
considéré comme appelé à l'usufruit pour le cas où
le fidéicommissaire ne lui ferait plus obstacle. Alors,
en effet, le grevé et le fiduciaire sont en quelque sorte
considérés comme des colégataires d'un même usufruit, et le grevé profite, *jure accrescendi,* de la part
que le bénéficiaire primitif l'empêchait de prendre.

Ulpien (L. 9, pr. *Usuf. quem.*) se réfère à cette possibilité laissée au titulaire primitif de reprendre l'usufruit.

§ 3. — Renonciation.

21. — Ce mot désigne : *A.* La *derelictio*, abandon pur et simple par l'usufruitier de son droit : *B.* La *remise*, c'est-à-dire la cession de l'usufruit au nu propriétaire.

22. — *A. Derelictio.* Elle existe dès que la détention de la chose et l'*animus* sont perdus par l'usufruitier, sans aucune autre condition. Ses effets sont : 1° d'éteindre et par suite d'aliéner l'usufruit au profit du nu propriétaire ; 2° de libérer l'usufruitier, même poursuivi en justice, de toutes ses obligations autres que celle de réparer les dommages causés par lui ou par les siens (LL. 64, 65, pr. *De usuf.*)

23. — *B. Remise.* Elle est, comme la *derelictio*, une aliénation (1) dont bénéficie le nu propriétaire, mais on peut signaler entre elle et la *derelictio* plusieurs différences, notamment : 1° elle est subordonnée à l'acceptation du nu propriétaire ; 2° elle peut être onéreuse ou gratuite ; 3° elle s'opère suivant diverses formes.

---

(1) Par suite : 1° Le mari ne peut *remettre* au nu-propriétaire l'usufruit apporté en dot ; 2° le tuteur ne peut autoriser la *remise* de l'usufruit appartenant au pupille et portant sur un fonds rural ou suburbain, sauf les cas exceptionnels prévus dans l'*oratio Severi* (LL. 3 § 5. 1 § 2 *de reb. eor*).

Les formes de la remise sont solennelles ou non solennelles, et ses effets varient suivant les formes employées ; de là, deux paragraphes.

24. — *A. Remise solennelle.* On la fait par *in jure cessio* (Gaïus, II, § 30, Paul, III, VI, §§ 28, 32), sorte d'action négatoire fictive dont voici le mécanisme : Le nu propriétaire, demandeur, vient affirmer devant le magistrat que sa chose n'est pas grevée d'usufruit au profit de l'usufruitier. L'usufruitier, défendeur, approuve expressément ou par son silence cette prétention, qui, dès lors, est tenue pour vérité. Le magistrat déclare la chose libre en conséquence de ces déclarations et aveux, et ainsi la servitude est éteinte. (Gaïus, II, § 24).

De cet emploi de l'*in jure cessio* dans la remise de l'usufruit découlent plusieurs conséquences :

1° Le droit s'éteint *ipso jure*.

2° La présence des parties est absolument nécessaire. Lorsque l'une d'elles est un pupille, une femme, elle ne peut se passer de l'*auctoritas* du tuteur, mais c'est elle-même qui parle devant le magistrat. (Fr. Vat. § 45).

3° La cession ne peut être faite qu'au nu propriétaire qui seul est en situation d'affirmer que *sa* chose est libre d'usufruit (L. 66, *De jure dot*).

25. — Il peut se faire que, malgré cette dernière règle, l'usufruitier cède *in jure* son droit à un autre qu'au nu-propriétaire. Qu'arrive-t-il dans ce cas? La réponse est double.

En ce qui concerne le tiers cessionnaire, rien ; en effet, d'une part le droit réel de servitude est incessible (L. 66, *supra*) ; d'autre part l'*in jure cessio* n'ayant pas la vertu de créer des droits personnels, le cessionnaire n'est même pas devenu créancier de l'émolument de l'usufruit, comme il pourrait l'être devenu après une vente ou un louage.

En ce qui concerne l'usufruitier, il y a controverse.

1re opinion (Pomponius, L. 66, *De jure dot.*). Cet usufruitier perd son droit. En effet, il a voulu deux choses : 1° se dessaisir de son droit, 2° en investir le tiers cessionnaire. Le dessaisissement étant possible se réalise. L'investissement étant impossible ne s'opère pas et alors l'usufruit, qui ne peut rester en suspens, va rejoindre la nue propriété, ce qui l'éteint. Cette solution déraisonnable ne paraît pas inadmissible, si l'on considère qu'il s'agit ici des effets d'un acte solennel où l'on tient très peu compte de la volonté des parties (V. p. ex. Inst. § 4, *de donat*).

2e opinion (Gaïus, II, § 30). L'usufruitier conserve son droit malgré la cession « *creditur enim ea cessione « nihil agi* » (1). Le motif, c'est que le cédant ne s'est

(1) On a essayé de nier la controverse en proposant une conciliation bizarre entre le § 30 et la loi 66. Par la cession à un tiers rien n'est fait, dit Gaïus : c'est aussi, prétend-on, ce que dit la loi 66 « *nihil ad eum transire* » Il est vrai que Pomponius ajoute « *sed ad dominum proprietatis reversurum* » mais cela veut dire que la cession ne peut porter préjudice au propriétaire et que *dans l'avenir* le droit d'usufruit

dessaisi qu'à la condition d'investir le cessionnaire.
Or, ce résultat ne pouvant s'obtenir, il n'y a rien de
fait, car on ne peut scinder sa volonté. Cette décision
de Gaïus est de beaucoup plus raisonnable que celle
de Pomponius. Seulement il est permis de s'étonner
que, tout en la donnant, Gaïus ait adopté l'opinion
générale (II, § 35) d'après laquelle les créances d'une
hérédité cédée *in jure* par un héritier ayant fait adition s'éteignent contrairement à l'intention des parties. Cette solution suppose en effet la même division de volonté devant laquelle Gaïus recule dans
notre espèce. Il y a donc contradiction entre les § 30
et 35.

26. *B. Remise non solennelle.* — Elle peut être
expresse ou tacite. On la fait expressément par simple pacte, tacitement par tout acte ou autorisation
rendant impossible l'exercice de la servitude, ou ne
pouvant se concilier avec lui. Il en serait ainsi, par
exemple, si l'usufruitier consentait à la vente de la
chose grevée (L. 4, § 12, *De dol. mal. exc.*) Mais, bien
entendu, la renonciation, ne se présume pas et l'on
doit même l'interpréter strictement (L. 20, pr. *De S.
P. R.*)

27. — L'effet de la remise non solennelle, expresse
ou tacite, n'est pas d'éteindre *ipso jure* le droit de

lui reviendra. Cette conciliation fait dire à Pomponius une véritable
naïveté ; en outre le § 35 cité au texte fait voir que la doctrine de la
loi 66, loin d'être semblable à celle de Gaïus, n'était que l'application
d'une théorie plus générale dont Gaïus s'écarte ici par accident.

l'usufruitier. Elle procure seulement une exception de pacte ou de dol qui permet d'écarter ce dernier en cas de réclamation postérieure (L. 4, § 12 *supra*). Au reste, il convient de remarquer que l'usufruit ne s'exerçant plus, s'éteint bien vite *jure civili* par suite du non usage.

28. — La remise non solennelle est la seule qui soit possible sous Justinien, puisque l'*in jure cessio* est alors inusitée. On ne s'explique donc guère pourquoi Justinien reproduit à peu près aux Institutes (§ 3 *De usuf*). les paroles de Gaïus relatives à l'*in jure cessio* de l'usufruit faite par l'usufruitier à un tiers : « *Cedendo extraneo nihil agit.* » Ces mots ne sauraient en effet faire allusion à l'*in jure cessio* qui n'existe plus, ni à la cession de l'exercice du droit que Justinien ne peut avoir interdite. « Sa pensée se « réduit donc — dit M. Accarias — à cette naïveté : « l'usufruitier ne peut transmettre à un tiers que le « droit qui lui appartient à lui-même. »

§ 4. — Mutatio rei

29. — Comme tous les droits réels, l'usufruit s'éteint par la destruction physique de son objet (L. 2, *De usuf. et quem.*) ; à la différence de la plupart de ces droits, il s'éteint en outre par « tout changement « qui, survenu dans la forme constitutive et la ma- « nière d'être particulière de la chose, a pour résultat

« de la rendre impropre à l'usage en vue duquel l'u-
« sufruit a été établi » (Aubry et Rau, § 234) ; de là
l'expression de *mutatio rei* employée par Ulpien
L. 5, § 2, *h. t.*) qui nous paraît préférable au terme
interritus rei dont se sert Justinien pour désigner ce
mode d'extinction (L. 16, § 1, C. *De usuf.*)

30. — Comme exemples de *rei mutatio*, causée
par la destruction physique de la chose, nous citerons :
1° la mort de l'animal grevé d'usufruit (L. 30, *h. t.*)
2° l'incendie de la maison objet du droit (L. 5, § 2,
h. t.), 3° la disparition du troupeau concédé à l'u-
sufruitier, dont un si grand nombre de têtes a péri
que le reste ne mérite plus le nom de troupeau (L. 31,
h. t.). Dans tous ces cas, l'extinction a lieu par suite
de la destruction physique de la chose, et elle est tellement radicale que le droit ne subsiste même pas sur
les débris, par exemple sur les décombres de la maison, ou sur les cuirs des animaux morts.

31. — L'extinction a lieu par simple changement
de la chose dans les hypothèses suivantes : 1° si un
navire est démoli, fût-il reconstruit avec les mêmes
planches (L. 10, § 7, *h. t.*), 2° si la chose est mise
hors du commerce, comme il arrive dans les cas prévus par les lois 23, 24, *h. t.*, 3° si un champ est
converti en étang, ou réciproquement, si une forêt est
défrichée, si un lingot est transformé en vase, ou un
ornement en lingot (L. 10, §§ 2 à 6, *h. t.*), si une

maison s'écroule, si une *area* est bâtie (L. 5, §§ 2,
3, *h. t.*).

32. — A côté de ces applications, nous avons à
énumérer un certain nombre d'exemples qui nous
permettront de conclure que toute *mutatio rei* n'entraîne pas forcément la ruine de l'usufruit ; ainsi :
1° une inondation temporaire d'un jardin laisse subsister l'usufruit (L. 24, pr., *h. t.*) ; 2° les réparations
successives faites à la chose grevée n'éteignent pas le
droit, même si « *per partes refecta sit* » (L. 10, § 7,
h. t.) ; 3° l'usufruitier d'un « *arvum* » peut, sans
péril, convertir sa terre labourable en vigne (L. 10,
§ 4, *h. t.*).

Autre série d'exemples : 1° l'usufruit d'un troupeau subsiste, malgré la mort d'un grand nombre de
têtes, si le reste mérite encore le nom de troupeau
(L. 31, *h. t.*) ; 2° il en est de même de l'usufruit
d'une maison en partie détruite, tant que ce qui reste
peut être qualifié maison ; 3° si l'usufruit d'un « *fundus* » a été légué, et si la « *villa* » y comprise périt,
l'usufruit n'est pas éteint. Dans cette hypothèse la
« *villa* » est considérée comme accessoire du fonds
(L. 8, *h. t.*) ; 4° la loi 10 pr., *h. t.* décide qu'il en
est de même lorsque le bâtiment détruit est la chose
principale, et le fonds la chose accessoire (1)

33. — L'idée générale de ces décisions nous

---

(1) Probablement parce que, dans l'intention du testateur, le *fundus*
est encore la chose principale.

paraît être la suivante : L'usufruit a pour objet, non pas la *matière* de la chose grevée, mais cette matière pourvue de certaines qualités, arrangée d'une certaine façon. S'agit-il, par exemple, d'une statue, l'usufruit porte, non pas sur chacune des molécules d'argile qui la composent, mais sur ce tout qu'on appelle une statue. S'agit-il d'un animal, l'usufruit ne porte pas sur sa chair, ses os et son cuir, mais sur l'animal vivant. En conséquence, dès que la chose, objet de l'usufruit, a perdu ce qu'on peut appeler sa *forme constitutive*, l'usufruit cesse, la *matière* de la chose survécut-elle. Au contraire, l'objet fut-il momentanément ou légèrement altéré, tant qu'il conserve la même *forme constitutive*, l'usufruit persiste, parce que la chose à laquelle il s'applique n'a pas perdu son existence. Seulement alors la difficulté revient à déterminer exactement la *forme constitutive* de la chose grevée. Nous croyons que le meilleur moyen d'y réussir, est de se reporter à l'intention des parties, intention que révèle ordinairement le *nom* donné à la chose par le constituant. C'est ainsi que, dans l'une des espèces précitées, l'usufruit n'est pas éteint par la conversion d'un *arvum* en vigne. La raison en est que, par ce mot *arvum*, le testateur a dû vouloir désigner tout ce qui est labourable, et que l'on laboure les vignes. La loi 10, § 8, *h. t.* fournit un exemple plus frappant encore de cette nécessité d'interprétation.

« L'usufruit d'un quadrige a été légué. Un des che-
« vaux meurt; on demande si l'usufruit est éteint. Je
« pense qu'il importe beaucoup de rechercher si
« c'est l'usufruit *des chevaux* ou l'usufruit *du qua-*
« *drige* qui a été légué. Car, si c'est l'usufruit *des*
« *chevaux*, il substituera sur ceux qui restent ; si
« c'est l'usufruit *du quadrige*, il sera éteint, puis-
« qu'il n'y a plus de *quadrige*. »

34. — L'usufruit, éteint *mutatione rei*, renait-il si
la chose est remise plus tard dans l'état où elle
se trouvait avant la perte du droit ? — Les textes
sont en désaccord :

1° Les lois 71 *De usuf.* 7 et 23 *h. t.*, concluent
à la résurrection de l'usufruit, notamment dans
l'hypothèse où le sol grevé a été occupé par un
fleuve, ou par une construction élevée par un tiers.
Il faut supposer, bien entendu, que l'usufruit n'a
pas été éteint par non usage avant le retrait des
eaux ou la démolition de l'édifice.

2° La loi 10, § § 1, 7. *h. t.* et le § 3, *Pauli
Sent.* 3, 6, admettent au contraire que l'usufruit
est irrévocablement éteint au cas de démolition du
navire ou de la maison qui sont l'objet du droit
« *licet iisdem tabulis, nulla prœterea adjecta, res-*
« *taurata sit.* »

35. — On a proposé, pour concilier ces textes divergens, la distinction suivante. — « Lorsque la chose
« est susceptible d'être ramenée exactement à son

« état premier, sans qu'il faille pour cela un tra-
« vail qui donne à cette chose une existence, une
« forme nouvelle, et qu'elle est ramenée à cet état
« avant le temps requis pour la prescription, l'u-
« sufruit revit... Lorsqu'au contraire, la chose ne
« peut plus, après la disparition de la forme qui a
« éteint l'usufruit, être ramenée au même état, ce
« droit sera éteint, pour ne jamais revivre. (Moli-
« tor. *La possession*, § 109.).

Cette distinction est vraisemblablement fondée
sur ce que, dans les cas pour lesquels il est statué
en premier lieu, il n'y a pas une vraie *mutatio rei*,
une transformation définitive de l'objet. Le droit de
l'usufruitier subsiste donc, mais un obstacle quelconque en entrave l'exercice. A vrai dire, ce droit
court un grand péril, mais ce péril n'est pas l'extinction par suite du changement dans l'objet, c'est
la perte par non usage (1).

§ 5. — Consolidation

36. — On appelle *confusion*, l'effet de la réunion
sur une même tête des qualités de titulaire d'une
servitude et de propriétaire de la chose grevée. La

____

(1) L'explication rapportée au texte parait contredite par la loi 9.
pr. *Si serv.* qui suppose l'usufruit perdu dès la construction d'un
édifice sur l'*area* grevée, c'est-à-dire *mutatione rei* et non par non usage.
Peut-être y a-t-il eu à Rome deux opinions radicales dont Justinien a
laissé subsister quelques traces tout en adoptant la distinction précitée.

confusion prend le nom spécial de *consolidation* lorsque l'usufruitier devient propriétaire de la chose soumise à son droit (Inst. § 3, *De usuf.*) : Par opposition, on appelle spécialement *confusion* en matière d'usufruit, l'acquisition, par le nu propriétaire, de l'usufruit, bien entendu en dehors de toute cause d'extinction. Confusion et consolidation expriment d'ailleurs des effets identiques ; le droit du propriétaire se complète, en totalité ou en partie, suivant que la consolidation ou confusion sont totales ou partielles (L. 27, *h. t.*), autrement dit la chose est dégrevée par application de la règle *nemini res sua servit*, soit totalement, soit partiellement, l'usufruit étant divisible (LL. 14, 25, *h. t.*), à moins que le droit d'accroissement n'y mette obstacle. En effet, malgré la divisibilité et même la division du droit, la consolidation partielle ne s'effectuerait pas si l'un des colégataires d'un usufruit appelés sans distinction de parts devenait nu propriétaire : car, par suite du droit d'accroissement, l'usufruit au lieu de s'éteindre passerait aux colégataires.

37. — Il nous paraît oiseux d'énumérer les hypothèses diverses dans lesquelles l'usufruit peut s'éteindre par confusion. Nous citerons seulement le cas où l'usufruitier devient héritier du nu propriétaire, espèce qui présente quelques difficultés lorsque le nu propriétaire a, en même temps, légué à un tiers la chose grevée d'usufruit.

38. — Quelle que soit la forme de ce legs, l'héritier ne peut, en délivrant la chose, retenir l'usufruit, car la volonté du défunt s'y oppose, mais, tantôt la pleine propriété passera au légataire, en vertu de la délivrance, par la seule application des principes, tantôt, au contraire, il faudra un détour et l'intervention bienveillante du préteur.

39. — *A*. L'héritier transférera sans difficultés la pleine propriété, si le droit du légataire a sa source dans un legs *per damnationem*, ou *per vindicationem conditionnel*. Alors, en effet, l'usufruitier devenant propriétaire de la chose grevée jusqu'à la délivrance ou l'accomplissement de la condition (Gaïus, II, §§ 204, 213, § 200), son usufruit s'éteint par consolidation (1). Donc, par l'exécution du legs, la propriété passera pleine et libre au légataire, conformément à l'intention du testateur, sans qu'il soit besoin de s'inquiéter de l'usufruit, lequel n'existe plus (L. 76, § 2, *De leg.* 2°).

40. — *B*. Si, au contraire, le legs est *per vindicationem* et *pur et simple*, la propriété étant acquise au légataire dès l'adition (2), *rectá viá*, sans passer par le nu propriétaire (L. 80, *De leg.* 2°), il n'y a aucune

----

(1) Au moins dans la doctrine sabinienne qui prévalut. Pour les Proculiens, au contraire, en cas de legs *per vindicationem conditionnel* la chose reste *nullius* jusqu'à l'événement où la défaillance de la condition. Dès lors, pas de consolidation, et l'on se trouve en présence de la difficulté rapportée au n° 40.

(2) C'est encore la théorie sabinienne. Les Proculiens disaient aussi la chose *nullius* jusqu'à l'acceptation du legs.

consolidation. Rigoureusement donc, l'héritier serait fondé à refuser au légataire, devenu nu propriétaire, la jouissance de la chose, par la double raison que l'usufruit ne s'est jamais éteint, et que, d'autre part, le *de cujus* ne pouvait le léguer *per vindicationem*, puisqu'il est la chose d'autrui (Gaïus, II, § 196). Mais ce raisonnement amoindrissant le legs, qui porte, non pas sur la nue propriété mais sur la chose même, le détour suivant fut admis, en considération de la volonté du testateur. On permit au légataire de revendiquer la chose toute entière, ce qui peut se faire sans plus petition, « *quia usufructus non dominii pars, sed « servitutis sit : ut via, et iter : nec falso dici, totum « meum esse cujus non potest ulla pars dici alterius « esse* » (L. 25, pr. *de verb. sign.*), et l'on refusait à l'héritier l'exception de dol s'il s'avisait de l'opposer. La victoire du légataire devint encore plus aisée après le S. C. Néronien qui décidait que tout legs, *non valable* à raison de l'impropriété de la formule, vaudrait comme legs *per damnationem : optimum jus legati.* (Ulp. 24, §, 11). Dès lors, en effet, le légataire, armé de sa nue propriété et d'un droit de créance, pourra : 1° très probablement revendiquer la chose comme par le passé ; 2° agir par l'action personnelle pour le tout, grâce à la règle déduite par la jurisprudence du S. C. Néronien, qui permet de transformer un legs, même *valable*, en legs *per damnationem*, si l'on trouve quelque avantage a exercer l'action personnelle au lieu, par exemple, de la revendication (L. 85, *De leg*. 1°). 3° Peut être exercer à la fois les deux actions précitées, en les restreignant chacune à son objet particulier, malgré la défense de la loi 76, § 8, *De leg*. 2°, dont le raisonnement ne paraît pas appli cable à notre hypothèse puisqu'il y a identité d'objet. (1).

41. — Il peut se faire que la réunion de l'usufruit et de la nue propriété dans la même main ne dure pas. Qu'arrivera-t-il? Les textes sont divergens.

1° — L. 57, pr. *De usuf.* « Un propriétaire a légué à « l'usufruitier le fonds grevé. Ce fonds, après quel- « ques temps de possession, doit être restitué par « le légataire au fils qui a réussi dans la *querela inof- « ficiosi testamenti*. On a décidé qu'alors l'usufruit « renaissait en totalité » 2).

2° — L. 78. pr. *De jure dotium* « La femme qui avait « un usufruit sur les biens du mari, a constitué « cet usufruit en dot. Bien que l'usufruit soit perdu « pour cette femme, le mari n'a pas acquis ce droit, « mais il jouit de son fonds en qualité de proprié- « taire, ... Après divorce, il constituera à la femme « un usufruit sur le même fonds. »

(1) Tout ce que nous avons dit au sujet du legs *per damnationem* s'applique au legs *sinendi modo*. De même, les règles posées à propos du legs *per vindicationem* s'appliquent au legs *per præceptionem* dans l'opinion sabinienne qui les assimile.

(2) Cette solution ne s'applique plus depuis la novelle 115 (chap. 3, 4, *in fine*). En effet, d'après elle, la *querela* ne fait tomber que l'institution d'héritier, non les legs. Le légataire de nue propriété conserverait donc son droit nonobstant la réussite de la *querela*.

3° — L. 8. *De his quæ ut ind.* — Applicable au cas de consolidation d'un usufruit, bien qu'elle ne parle que des actions. « Un héritier étant déclaré indi-« gne, l'hérédité lui est enlevée, et on ne lui restitue « pas les actions qu'il avait contre elle et qui se sont « éteintes par confusion. »

4° — L. 30. pr. *De S. P. U.* Applicable à l'usufruit bien qu'elle ne parle que des servitudes réelles « Si « quelqu'un a acheté une maison, grevée de servitude « au profit d'une autre maison dont il est déjà pro-« priétaire, et en a reçu tradition, la servitude est « éteinte par confusion. Si l'acheteur revend la « même maison la servitude devra être de nouveau « imposée *nominatim*, sans quoi la maison sera « dégrevée. »

Trois solutions résultent de ces textes ; après cessation de la consolidation : 1° l'usufruit revit de plein droit ; 2° l'usufruit reste éteint, mais le nu propriétaire est tenu de le reconstituer ; 3° l'usufruit reste éteint.

42. — Ces décisions peuvent se concilier au moyen de la formule suivante : « L'usufruit revit si la cause « juridique qui a produit la consolidation cesse plus « tard avec effet rétroactif... cette rétroactivité man-« quant la consolidation conserve son effet. » (M. Accarias, *Précis de droit romain* n° 279, 6°, n. 1).

43. — La raison de la distinction ci-dessus posée

est qu'au premier cas les deux droits ne se sont jamais confondus ; par suite, l'usufruit n'a jamais été éteint qu'en apparence, et doit renaître de plein droit : c'est ce que décide la loi 57 précitée. Au deuxième cas, le droit est, au contraire, définitivement éteint et les événements postérieurs ne peuvent le faire renaître, car rien ne leur donne cette puissance. De là la théorie des lois 8 et 30, et l'injustice qui consacre la loi 17, *h. t.* qui serait inexplicable sans cette irrévocabilité de l'extinction : « Si on t'a « légué purement et simplement l'usufruit d'un « fonds, et si la nue propriété a été léguée sous condi- « tion à Titius ; que, *pendente conditione*, tu acquiè- « res la nue propriété et que la condition se réalise « ensuite, Titius aura la pleine propriété. Et il « importe peu que la nue propriété seule lui ait été « léguée, dès en effet que tu as acquis la nue « propriété, tu as perdu ton legs d'usufruit. ».

Dans cette hypothèse donc, après cessation de la confusion, l'usufruit ne renaîtra pas et l'usufruitier n'aura rien parce qu'il a payé à l'héritier le droit d'avoir tout. C'est une injustice criante que tous les auteurs ont soulignée. Il faut bien avouer cependant que les principes y conduisent ; car, puisque le légataire conditionnel n'est devenu propriétaire qu'à compter de l'événement de la condition, et sans aucune rétroactivité — opinion Sabinienne —, l'héritier, resté propriétaire, ayant vendu la chose à l'usu-

fruitier *pendente conditione*, en a régulièrement trans-
féré la propriété. Or, par ce transfert, la consolidation
a eu lieu, et, comme elle n'est pas résolue, faute de
rétroactivité de la propriété du légataire, il faut bien
admettre que l'extinction de l'usufruit subsiste. Dès
lors, le nu propriétaire réclamera très valablement la
chose tout entière, puisque rien ne pouvait le priver
de sa jouissance qu'un usufruit qui n'existe plus.

44. — C'est encore parce que la cause de la consolidation ne cesse pas avec effet rétroactif que les
solutions de la loi 78 *De jure dotium* et autres analogues se comprennent. En effet, le divorce de la femme
n·e met pas à néant le mariage ni la constitution de
dot, aussi l'usufruit reste éteint. Mais, comme la loi
exige que la dot soit restituée à la dissolution du
mariage, le texte dit que le mari doit reconstituer
l'usufruit : s'il ne le fait, le juge de l'action *rei uxoriæ*
devra l'y forcer (L. 7, § 1, De *fundo, dot*), car telle est
la seule manière d'opérer la restitution.

§ 6. — Arrivée du terme. — Accomplissement de la condition.

45. — L'usufruit s'éteint, *jure civili*, par l'arrivée du
terme *ad quem* (Paul, § 33, *De leg.*), ou l'accomplissement de la condition *ad quam* (L. 16, *h. t.*) qui y
avaient été apposés. Pareil résultat, remarquons-le,
ne se produirait pas s'il s'agissait des droits de pro-

priété ou de servitude réelle. En effet, la translation de propriété, soumise à un pareil terme ou à une pareille condition, serait nulle de plein droit (Fr. Vat. § 283) ; la constitution de servitude, faite sous les mêmes modalités, serait valable, mais on la réputerait pure et simple (L. 4, pr. *De serv.*), et la volonté des parties ne serait respectée que grâce à l'application des moyens détournés imaginés par le préteur pour la sauvegarder : action *præscriptis verbis* (L. 2, C. *De pact. int. empt.*), exception de dol (L. 4, pr. *De serv.*), etc. — La cause de cette différence entre la propriété, les servitudes réelles et l'usufruit doit être probablement cherchée dans la défaveur que ses inconvénients économiques jettent sur ce dernier droit.

46. — Les textes nous présentent plusieurs exemples des effets de l'apposition d'un terme ou d'une condition dans la constitution d'un usufruit.

1° *Effets du terme*. (L. 5, C. *De usuf.*) « Si votre « père a légué à votre mère l'usufruit de fonds qui « vous reviennent, jusqu'à l'époque de votre puberté, « l'usufruit finit lorsque vous avez atteint cet âge, « et vous pouvez répéter les fruits perçus postérieu- « rement, parce que votre mère les a, sans raison et « sciemment, perçus sur le fonds d'autrui. »

2° *Effets de la condition*. Ils varient naturellement suivant que la condition se réalise ou non.

A. La condition se réalise :

1° (L. 15, *h. t.*) « Quelquefois le nu propriétaire

« pourra donner la liberté. Si, par exemple, l'usufruit
« est légué sur un esclave jusqu'à son affranchisse-
« ment, l'usufruit sera éteint au moment où le nu
« propriétaire commencera l'affranchissement. »

2e *(L. 16, h. t.)* « Un usufruit m'a été légué sous
« condition. La chose appartenant *pendente condi-*
« *tione* à l'héritier, celui-ci peut lui-même en léguer
« l'usufruit à un tiers. Il arrivera alors que, si la
« condition apposée à mon legs se réalise, l'usufruit
« légué par l'héritier s'éteint. Si je perds ensuite
« mon usufruit il ne revient pas au tiers légataire de
« l'héritier, parce que le droit d'accroissement n'existe
« pas entre légataires tenant leurs droits de testa-
« ments divers. »

47. — Ce deuxième texte mérite quelqu'attention. Il suppose, en effet, une condition *ad quam* qui
présente ces deux caractères particuliers d'être tacite
et de n'affecter qu'indirectement le droit de l'usufruitier. Cette condition, peut-être ignorée du tiers dont
l'usufruit est résolu, s'explique par ce principe que
personne ne peut transférer sur une chose plus de
droits qu'il n'en a. Dans l'espèce, en effet, l'héritier
n'ayant acquis purement et simplement que la nue
propriété de la chose, n'a pu en léguer l'usufruit
qu'affecté de la condition résolutoire dont son droit
de jouir était lui-même entaché. La condition résolutoire se réalisant, son droit, et par contre coup celui
du légataire son ayant cause, se trouve révoqué, et

l'usufruit revient au légataire de leur auteur commun (1).

48. — Le texte ajoute que l'usufruit ne renaîtra pas au profit du légataire de l'héritier, si, postérieurement à la révocation, le premier légataire vient à perdre son droit. Ceci est plus surprenant. Il semblerait en effet qu'alors la volonté de l'héritier testateur devrait s'accomplir, non par suite d'un droit d'accroissement qui est en effet impossible, mais parce que ce testateur (ou mieux son successeur) est redevenu propriétaire pur et simple et que par suite il semble naturel de faire revivre les droits concédés par lui qui ne se sont éteints que parce qu'il n'était pas propriétaire pur et simple. La solution du texte s'explique néanmoins par cette idée que les droits morts ne peuvent plus revivre sauf nouvelle constitution.

49. — *B*. La condition ne se réalise pas.

(L. 32, §6. *De usuf. leg.*) « Un testateur institua « comme héritiers ses deux filles et son fils lequel « est fou. Puis il légua en ces termes l'usufruit de « la portion de son fils : En outre, que Publia Clé- « mentiana prenne pour elle le quart de mon héré- « dité, part de mon fils Julius Justus. Je te demande,

____

(1) Il est à remarquer que la condition résolutoire n'aurait pas fait tomber l'usufruit — au moins jusqu'à la fin de l'époque classique — si elle avait été insérée dans un contrat en exécution duquel la propriété aurait été transférée au constituant de l'usufruit. Dans cette hypothèse, en effet, la condition résolutoire résoudrait, non la translation de propriété, mais le contrat (L. 3, C. *De pact. int. empt.*). — Marcellus et Ulpien abandonnèrent cette théorie, au moins, en ce qui concerne l'hypothèse d'une *addictio in diem* (L. 3, *Quib. mod. pignus*).

« Publia Clémentiana, de nourrir, protéger et entre-
« tenir ton frère. En échange de quoi je t'ai laissé
« l'usufruit de sa part, jusqu'à ce qu'il revienne à
« la raison et guérisse. Le fils étant mort fou, on
« demande si l'usufruit est éteint. Le jurisconsulte a
« répondu que, dans cette hypothèse, le legs conser-
« vait son effet, à moins qu'il ne fut manifestement
« prouvé que le testateur avait eu une autre vo-
« lonté. » — Cette solution s'imposait. Il avait été
déclaré en effet, que l'usufruit, persisterait jusqu'à la
guérison du fils. Cette guérison formait donc la condition *ad quam* à laquelle était subordonnée l'existence de l'usufruit. Or, la condition ne se réalisant
pas, le droit de la fille se perpétuait évidemment.
Il y avait, il est vrai, une légère raison de douter ; c'est
que le testateur avait semblé conférer l'usufruit
comme dédommagement des charges imposées par
l'entretien du frère, dédommagement qui n'a plus de
raison d'être dès la mort de ce dernier. Mais cette
interprétation prétendue de volonté ne pouvait prévaloir contre le texte si clair du testament, qui léguait
l'usufruit jusqu'à ce que le fils guérisse.

50. — Les exemples précités supposent qu'il ne se
présente aucun doute au sujet de l'arrivée du terme,
de la réalisation ou de la défaillance de la condition.
La vérification de ces divers points peut, cependant,
présenter certaines difficultés. De là plusieurs questions.

51. — 1° En cas de mort de l'usufruitier avant l'échéance du terme, son droit s'éteindra-t-il, ou passera-t-il à ses héritiers jusqu'à l'échéance ? — Il s'éteindra. On en a douté, par la raison que le testateur a pu vouloir, en indiquant un terme, conserver le droit jusqu'à l'époque par lui indiquée dans le patrimoine de son légataire. Mais ce doute n'est pas admissible. Il est en effet essentiel à l'usufruit de s'éteindre à la mort du concessionnaire, et ses héritiers ne pourraient devenir usufruitiers à leur tour que par une concession à eux personnelle que nous supposons ne pas exister dans l'espèce. (L. 12, C. *De usuf.*).

52. — 2ᵉ Un usufruit a été constitué jusqu'à ce qu'un tiers ait atteint un âge fixé : le tiers meurt avant cet âge. Qu'arrivera-t-il? — Justinien nous apprend que les anciens auteurs discutaient, et en effet trois opinions sont possibles.

A. L'usufruit cesse aussitôt : La raison, c'est qu'on peut soutenir que l'usufruit a été constitué avec cette condition que la tierce personne atteindra l'âge dit. De là résulte que, tant qu'elle vit, l'usufruitier a droit à l'usufruit ; dès qu'elle meurt, au contraire, la condition est défaillie et le droit de l'usufruitier s'éteint comme il arrive par exemple en la loi 16, *De man. test.*

B. L'usufruit se perpétue indéfiniment, jusqu'à ce qu'une cause d'extinction survienne. En effet, l'usufruit était constitué jusqu'à un certain terme, l'âge fixé du tiers. Le tiers étant mort n'aura jamais cet âge ; donc il n'y a plus de terme, et l'usufruit se perpétuera.

C. L'usufruit continue d'exister, mais seulement jusqu'à l'époque où le tiers aurait eu l'âge déterminé s'il ne fut mort antérieurement. — En effet le testateur, en parlant de l'âge du tiers, n'a eu qu'un but, c'est d'indiquer un moyen de mesurer le temps pendant lequel l'usufruit doit durer. Il est donc indifférent que le tiers meure ou non, car l'usufruit n'a pas été subordonné à son existence, et l'on a encore le moyen de mesurer sa durée.

Justinien adopta cette troisième opinion (L. 12, C. *De usuf.*), et il nous paraît que c'est avec raison, les deux autres ayant l'inconvénient de donner au légataire moins ou plus que le testateur n'a prévu.

53. — 3° Un usufruit a été légué ou promis pour un certain délai, à compter d'une certaine date. Par la faute du débiteur qui se laisse mettre en demeure, cet usufruit n'est constitué que longtemps après l'époque où il aurait dû commencer. Le terme extinctif de cet usufruit sera-t-il reculé pendant un nombre d'années égal au nombre d'années pendant lequel le débiteur a tardé ? — Les jurisconsultes romains n'hésitèrent pas sur ce point : Non, car l'usufruit n'est pas constitué par delà le terme. Mais, bien entendu, une indemnité (1) est possible, et elle sera égale à la valeur de la jouissance perdue (LL. 37, *De usuf.*, 6, *De usuf. leg.*).

54. — 4° Lorsque la condition *ad quam*, par la réalisation de laquelle l'usufruit doit s'éteindre, se réalise partiellement, l'usufruit s'éteint-il pour partie ? Les textes ne sont pas d'accord.

A. (L. 30, *De usuf. leg.*). « Un usufruit a été « légué à une femme jusqu'à ce qu'elle ait reçu « caution pour la totalité de sa dot. Un des héri- « tiers donne caution pour la part dont il est « débiteur. Bien que les autres n'aient pas agi de « même, Labéon dit que l'usufruit s'éteindra pour « la part de celui qui a rempli son obligation. Il « en serait de même si la femme était mise en « demeure de recevoir la caution ».

B. (L. 44, § 7, *Fam. erc.*) « Un mari a légué à sa « femme un usufruit, jusqu'à ce que sa dot lui « ait été payée. Cassius dit que l'un des cohéri- « tiers peut, par l'action en partage, soit se faire « rembourser par son cohéritier ce qu'il a payé à

---

(1) On peut même se demander si cette indemnité serait due dans le cas où l'usufruit serait légué pour un certain délai, mais non à comp- ter d'une certaine date. En effet, le débiteur, même en demeure, s'il constitue l'usufruit pour le délai prescrit, exécute toute son obliga- tion. Dès ce jour, la chose est aux risques du créancier. Le débiteur ne doit donc plus être inquiété, même si, en fait, l'usufruit est plus court que le terme indiqué. Quant aux fruits perçus antérieurement à la demeure, le débiteur n'en doit la restitution que s'il est tenu d'une action de bonne foi ou en vertu d'un fidéicommis (L. 82, § 2. L. 31 *De usuris*).

« titre de restitution de la dot, soit le contraindre
« à effectuer le paiement ».

Montrons en quoi la loi 44 contredit la loi 30 qui,
elle, admet l'extinction partielle de l'usufruit. — La
loi 44 nous parle du recours d'un cohéritier qui a
restitué une dot due aussi par ses cohéritiers, qui
par conséquent a géré leur affaire. Or, par quelle
action le cohéritier demandeur se fait-il rembourser ?
Par l'action *negotiorum gestorum* ? Non ; par l'action
familiæ erciscundæ. Pourquoi ? La raison en est
que l'action *negotiorum gestorum* n'est donnée (dans
le cas où l'affaire intéresse tout à la fois le gérant et
un tiers) qu'au gérant qui a pu séparer son intérêt
de l'affaire du maître et n'agir que pour son propre
compte (L. 6, § 7, *Com. div.*). Si l'intérêt du gérant
était au contraire tellement lié à l'intérêt du maître
qu'il lui était impossible d'accomplir pour lui l'acte
de gestion sans l'accomplir en même temps pour le
maître, le quasi-contrat de gestion d'affaires ne se
formerait pas. Dès lors, ce gérant improprement dit
n'aurait plus, pour obtenir le remboursement des
dépenses par lui faites dans l'intérêt du tiers, que
l'action que sa qualité lui donnerait, (L. 18, *De
hered. vel act.*) — Dans notre espèce, le cohéritier
ayant l'action *familiæ erciscundæ*, on doit en induire
qu'il n'a pu gérer sa propre affaire qu'en gérant celle
de ses cohéritiers, autrement dit, son affaire étant
d'éteindre l'usufruit qui grève sa part, qu'il n'a pu

éteindre cet usufruit qu'en réalisant non seulement la condition qui lui était imposée, mais encore celle dont étaient tenus tous ses cohéritiers. Mais alors, d'après la loi 44, il n'est pas vrai de dire que la réalisation partielle de la condition entraîne une extinction partielle de l'usufruit, comme le porte la loi 30. Il y a donc contradiction entre les deux lois.

La divergence des lois 30 et 44 a été expliquée par une controverse entre les Proculiens et les Sabiniens. La raison de décider de Labéon, chef des Proculiens, est puisée dans la divisibilité de l'usufruit, celle de Cassius dans l'intention du testateur qui a considéré l'usufruit comme une sorte de gage indivisible établi dans l'intérêt de la femme par le mari, pour assurer la restitution complète de la dot. — Nous trouvons plus juridique la solution des Sabiniens ; en effet , dans les deux cas, l'usufruit est constitué à l'effet de garantir une restitution totale de la dot, et il n'y a pas plus à tenir compte ici de la divisibilité de l'usufruit que l'on ne tient compte de la divisibilité de la chose grevée d'hypothèque. Reste donc le seul principe de l'indivisibilité des garanties qui résulte de la volonté du testateur, c'est celui-là que nous appliquons.

§ 7. — Non usage

55. — L'origine historique et le fondement juridique de ce mode d'extinction sont obscurs ; quant à son origine, on ignore s'il a été introduit par une loi positive ou par les prudents ; on sait seulement qu'il était antérieur à la loi Scribonia (L. 4, § 29, *De usurp,*) ; quant à son fondement, on a donné trois explications :

1° L'usufruit s'éteint pour non usage, « *Nempe* « *quia defuit actus hominis in quo consistit ususfructus* », dit Cujas (T. 7, col. 1339. A.) — Mais cette raison n'est pas bonne, sans quoi l'usufruit devrait cesser dès que l'usufruitier perd l'exercice de son droit. Or, il n'en est point ainsi.

2° Le fait par l'usufruitier de ne pas user de son droit, entraîne cette présomption qu'il y renonce. La loi ratifie sa renonciation. Mais le Fr. 20 *h. t.*, qui décide qu'un usufruitier peut perdre son droit par non usage, *même lorsqu'il en ignore l'existence*, ne se concilie pas avec cette présomption.

3° L'extinction par non usage à mêmes motifs que l'usucapion : Le législateur, dans un intérêt public, convertit le fait en droit ; quand l'usufruitier a cessé d'exercer son droit pendant un an lorsqu'il s'agit de meubles, pendant deux ans quand il s'agit d'immeubles, la loi trouve plus utile de dégrever la propriété, elle la dégrève.

56. — A l'appui de cette dernière explication, on a présenté l'ingénieuse hypothèse suivante qui peut se recommander de la similitude des délais d'usucapion et de non usage, (un an pour les meubles, deux ans pour les immeubles, qu'il s'agisse d'usucapion ou d'extinction de l'usufruit par non usage) : Dans le principe, la propriété et les droits réels n'auraient été perdus pour leur titulaire qu'après usucapion proprement dite, ou *usucapio libertatis*, jamais par non usage. Plus tard on distingua, la propriété et les servitudes urbaines restant soumises à l'ancienne règle, les servitudes rurales et personnelles pouvant désormais s'éteindre *non utendo*.

57. — La raison de cette innovation doit être cherchée dans l'esprit éminemment pratique des Romains. En effet, pour les servitudes rurales, il est très difficile de ne pas confondre le non usage de la servitude avec la *possessio libertatis*, c'est-à-dire l'exercice par le propriétaire de son droit de propriété dans toute son étendue. Par exemple, l'abstention du titulaire d'une servitude de passage met le propriétaire servant dans une situation telle que son fonds paraît libre. Partant de là, les Romains, hommes d'affaires avant tout, identifièrent ces choses analogues parcequ'elles avaient même résultat, et c'est ainsi que le non usage remplaça, pour les servitudes rurales, l'*usucapio libertatis*.

58. — Pareille transformation était évidemment plus difficile à effectuer en ce qui touche les servitudes personnelles et spécialement l'usufruit, puisque l'abstention de l'usufruitier ne met pas le nu propriétaire qui lui-même s'abstient en telle situation qu'il paraisse libre possesseur de son fonds. Cependant, comme il existe une certaine ressemblance entre ce nu propriétaire et le maître du fonds servant dont nous parlions plus haut, en cas de non usage de la servitude, la règle nouvelle fut étendue, et l'usufruit périt *non utendo*.

59. — Si l'on admet, avec la théorie ci-dessus exposée, que le non usage de l'usufruitier équivant à une sorte de mise en possession du nu propriétaire de la chose grevée, et, par suite, à une dépossession de l'usufruitier qui n'use pas, il faut admettre réciproquement que l'exercice par l'usufruitier de son droit équivaut à une sorte de possession de la servitude dont il use. Or, comme il n'y a aucune différence essentielle entre la possession proprement dite (exercice par le propriétaire de son droit) et cette sorte de possession ou *usage* (exercice par l'usufruitier de son droit), il en résulte que toutes deux doivent être régies par les mêmes principes, ou, pour formuler cette idée au point de vue spécial de notre sujet, qu'il y aura non usage tous les fois que, d'après les règles ordinaires, la possession sera perdue. Examinons les diverses hypothèses que fournissent les textes, et voyons si notre formule se vérifie.

60. — 1° La loi 20 *h. t.* suppose qu'un usufruitier jouit de la chose grevée seulement comme le ferait un usager. Paul se demande si cet usufruitier conservera son droit, et il distingue. Oui, si, sachant qu'il est usufruitier, il ne veut qu'user de la chose, car il est néanmoins censé en jouir à titre d'usufruitier. Non, s'il se croit simple usager, car alors il ne se sert pas du droit qu'il a, mais du droit qu'il pense avoir. Cette décision paraît l'application de la règle admise en matière de possession que le *corpus* et l'*animus* sont indispensables au possesseur. Si en effet l'usufruitier croit n'avoir que l'usage et n'exerce que ce droit, il est évident qu'on ne peut lui attribuer la volonté de se comporter à l'égard de la chose comme le ferait un usufruitier. Donc l'*animus* lui manque, et, par suite, de même qu'il ne pourrait posséder une chose corporelle, il ne peut pas non plus exercer son droit d'usufruit de manière à en empêcher l'extinction. A l'inverse, si l'usufruitier connaît l'étendue de son droit et n'en exerce qu'une partie, l'*usus*, mais en qualité d'usufruitier, l'*animus* ne saurait lui être refusé, et, de même qu'il n'est pas nécessaire, pour posséder une chose corporelle, d'exercer son droit de propriété dans toute son étendue, mais qu'il suffit d'avoir la chose à sa disposition, l'usufruitier sera censé avoir un *corpus* suffisant bien qu'il n'en retire pas tous les avantages possibles. La même considération suffit à expliquer la solution de la loi 12 § 3 *De usuf.* qui décide que l'usufruit se conserve sur un esclave, enfant, ou malade, bien que l'usufruitier n'en retire aucun avantage.

61. — 2°. L, 12 § 3 *De usuf.* Un esclave grevé d'usufruit prend la fuite. Le non usage de fait qui se produira alors fera-t-il perdre son droit à l'usufruitier. Julien pense que non, même si l'esclave fugitif ne fait aucune stipulation pouvant revenir à l'usufruitier. Dans cette hypothèse, le jurisconsulte lui-même nous indique, dans les motifs qu'il donne à l'appui de sa solution, que la règle qu'il applique n'est autre que la règle admise en matière de possession proprement dite « *nam qua ratione, inquit,* « *retinetur a proprietario possessio, etiam si in fuga ser-* « *vus sit, pari ratione etiam ususfructus retinetur* ». Il avait été admis en effet, par exception, et pour ne pas donner aux esclaves la faculté de faire perdre trop facilement à leurs maîtres les avantages de la possession, que cette possession persisterait malgré leur fuite (L. 13 pr. *De adq. poss.*). Autrement dit, *utilitatis causa,* l'on décidait que, dans cette hypothèse et quelques autres analogues, l'*animus* seul, malgré la disparition du *corpus*, conserverait la possession. Les mêmes considérations pratiques plaidant en faveur de l'usufruitier, Julien décide qu'il ne sera pas non plus censé avoir cessé d'exercer son droit en cas de fuite de l'esclave, et que, par suite, l'usufruit ne sera pas éteint par non usage à raison du seul fait de la fuite.

62. — La loi 12, § 3 que nous examinons démontre cependant que la décision de Julien n'avait été admise par Pomponius qu'avec une certaine réserve. Ce jurisconsulte suppose en effet, avant de conclure à la conservation de l'usufruit malgré le non usage, que l'esclave a stipulé ou reçu une tradition en faveur de l'usufruitier. On pourrait déduire de là que Pomponius n'admet la persistance de l'usufruit que dans l'espèce à lui soumise, et par ce seul motif que la stipulation et la tradition qui profitent à l'usufruitier constituent une véritable jouissance. Il n'y aurait pas alors d'exception à la règle d'extinction par non usage — Si telle est la pensée de Pomponius, on doit considérer la question comme controversée, et comme Ulpien qui rapporte les deux décisions ne se prononce pas, on peut penser que la théorie de Julien qui cadre avec la théorie admise en matière de possession avait prévalu en pratique. Mais peut-être pourrait-on admettre également, et malgré l'apparence, que Pomponius est en réalité de l'avis de Julien ; s'il fait mention de cette circonstance que l'esclave a stipulé, c'est qu'elle est favorable à l'usufruitier qui le consulte ; mais, n'existât-elle pas, l'usufruit n'en persisterait pas moins. S'il en était autrement, il serait impossible de comprendre l'assimilation établie au texte entre le cas où l'esclave en fuite stipule et le cas où l'esclave est malade, vieux, ou *infans*. Dans la première espèce en effet, comme nous l'avons déjà dit, il n'y a pas véritablement non usage puisque l'usufruitier a profité de la stipulation de l'esclave ; dans la deuxième, l'usage n'a pas été non plus interrompu, mais il y a défaut de profit. Dès lors, comment comparer une hypothèse où l'usage existe à cause du profit retiré de l'esclave, et une hypothèse où l'usage existe malgré le défaut de profit. Il n'y a entre elles aucune analogie, et l'on ne peut chercher dans la deuxième une règle applicable à la première. Il est, au contraire, très-naturel de comparer un esclave malade à un esclave en fuite qui n'a pas stipulé, parce que ni l'un ni l'autre ne rapporte à l'usufruitier, et de dire : malgré que le maître ne retire aucun bénéfice ni de l'esclave malade ni de l'esclave en fuite, l'usufruit se conserve sur les deux, si l'esclave est malade en vertu des principes, s'il est fugitif par faveur pour l'usufruitier.

63. — 3°. L. 12, § 4 *De usuf.* Un esclave grevé d'usufruit et en fuite tombe en la possession d'un tiers. Le temps requis pour l'extinction par non usage s'écoule, l'usufruitier a-t-il perdu son droit ? — Julien distingue. Il l'a perdu si l'esclave n'a rien stipulé, rien acquis « *nomine fructuarii* », la possession effective du tiers devant l'emporter, en effet, sur l'exercice, un peu fictif, par l'usufruitier de son droit, que nous avons reconnu tout à l'heure s'effecter dans l'espèce *animo solo.* Le droit serait conservé au contraire en cas d'acquisition ou de stipulation puisque, à *l'animus* subsistant, vient se joindre l'acte de l'esclave et qu'ainsi toutes les conditions d'exercice du droit se trouvent suffisamment réalisées.

Ce texte, comme le précédent, nous avertit lui-même qu'il transporte au cas d'usufruit une règle applicable en matière de possession : « *an quemad-* « *modum a proprietario possideri desinit, ita etiam* « *ususfructus amittatur ?* » Il est remarquable, en effet, que la possession fictive conservée, par exemple, au maître du fugitif n'est pas plus conciliable avec celle du tiers que la quasi-possession de l'usufruitier, et qu'ici encore la réalité doit primer la fiction. En outre, comme pour l'usufruitier, et même *a fortiori*, l'acquisition de l'esclave pour le maître, jointe a *l'ani-mus domini* gardé par ce dernier, suffit à lui conserver une possession véritable.

64. — 4°. L. 38, *De usuf.* « Il y a non usage lors-« que l'usufruitier ne jouit pas lui même, et que per-« sonne, acheteur, locataire, donataire ou gérant « d'affaires ne jouit en son nom ». Ces mots permet-tent de conclure à l'admission en faveur de l'usufrui-tier de la règle, applicable aussi au possesseur, savoir qu'il peut exercer son droit *corpore alieno*. Il faut remarquer en effet que l'usufruitier ne pouvant céder son droit lui-même à moins de le détruire mais seulement les avantages de son droit, ses ache-teurs, donataires, etc., n'ont juridiquement d'autre rôle, en ce qui touche l'usufruit, que l'exercice du droit. Tous sont, par conséquent, à l'égard de l'usu-

fruitier dans une situation analogue à celle d'un locataire ou d'un précariste détenant pour le compte du
propriétaire. Or, de même que ces personnes, exerçant le *corpus* pour autrui, conservent la possession
d'autrui, de même l'exercice du droit effectué par les
personnes qu'énumére le texte s'oppose à l'extinction
par non usage.

65. — La considération précitée conduit à décider
qu'après vente, donation etc., de l'usufruit, l'extinction par non usage n'aura pas lieu, tant que l'acheteur, le donataire, etc., prendront soin d'exercer le
droit (1). C'est ce qu'on peut déduire de la loi 29 pr.,
§ 1, *h. t.* « Si le nu propriétaire me prend à ferme
« le fonds grevé d'usufruit, et s'il le vend à Seius
« sans déduire l'usufruit, est-ce que l'acheteur me
« conservera mon droit ? Bien que le nu propriétaire
« paye le loyer à l'usufruitier, l'usufruit se perd par
« non usage, parce que l'acheteur ne jouit pas en mon

(1) En serait-il de même en cas de restitution de l'usufruit par un
fiduciaire à un fidéicommissaire? La loi 29, § 2. *h. t.* pose la question sans y répondre. Il nous semble que oui. En effet le fidéicommissaire ne fait en somme qu'exercer, par la protection du préteur, l'u-
sufruit du fiduciaire; donc il empêche ce droit de s'éteindre par non
usage. L'intérêt de cette solution c'est que, le fidéicommissaire ayant
prédécédé, le fiduciaire pourra jouir de son usufruit s'il est légataire
substitué par le testateur au fidéicommissaire (V. L.9, pr. *Usuf. quem*).

(2) Dans l'espèce rapportée au texte, Seius peut jouir *en son nom*
parce qu'il tient le fonds du nu propriétaire qui, en sa qualité de propriétaire, peut transférer à son acheteur une posession *animo domini*
même en ce qui touche l'usufruit que lui-même a pris à bail de l'usufruitier. — Il en serait autrement si Seius tenait le fonds d'un locataire de l'usufruitier. Ce dernier en effet ne pourrait transférer qu'une
possession précaire comme la sienne (L. 30 § ult. *De adq. poss.*), et, par
suite, son ayant-cause jouirait au nom de l'usufruitier. C'est pourquoi,

« nom (2) mais au sien ». De ce texte résulte 1° que
le fait par l'usufruitier de toucher un loyer à raison
de son droit, ne constitue par une jouissance suffisante pour empêcher l'extinction par un usage, —
2° que, si le détenteur usait de la chose au nom de l'u-
sufruitier, le droit de ce dernier persisterait, ce qui
nous paraît conforme aux principes. Il faut convenir
cependant que beaucoup de textes décident, au contraire, que l'extinction par non usage est impossible
dès que l'usufruit est vendu ou loué, qu'il y ait ou
non usage par le concessionnaire, le prix étant censé
représenter une jouissance continue de l'usufruitier
(LL. 38, 39, *De usuf.*) Une controverse s'élève parmi
les partisans de cette opinion quand l'usufruit a été
non vendu mais donné. Car, comme il n'y a pas de
prix, on peut se demander si, dans l'espèce, l'usufruitier peut, en cas de non usage du donataire, prétendre qu'il a retiré de la donation un avantage moral,
et qu'il y a eu pour lui, par suite de la concession de
l'usufruit, une véritable jouissance conservatrice de
son droit. Les textes sont en contradiction (L. 12,
§ 2. — L. 40. *De usuf.*).

66. — Les partisans de la théorie de la jouissance de l'usufruitier par l'intermédiaire du prix
ont essayé de concilier les lois 38 et 39 *De usuf.*
avec le fr. 29 pr. *h. t.* sur lequel nous nous

la loi 29, supposant une jouissance de ce détenteur précaire, décide
qu'elle conserve le droit de l'usufruitier. — Cela, même si le détenteur
ne soupçonnait pas son existence.

appuyons. A la vérité, disent-ils, l'usufruitier qui a le prix jouit de son droit, mais, cela, à la condition que le détenteur ne jouisse pas, soit en son nom personnel, soit au nom d'un tiers. Car, s'il le faisait, l'usage exclusif et fictif de l'usufruitier ne pouvant coexister avec l'usage également exclusif mais réel exercé pour un autre et ne pouvant pas le primer, il faudrait décider, comme le fait Ulpien, que l'usufruitier n'a pas joui, et que son droit s'est éteint par non usage. Dès lors, il n'y a aucune contradiction entre les textes précités, leurs décisions diverses s'appliquant à des hypothèses différentes.

67. — Cette conciliation nous paraît difficile à admettre. Elle suppose, en effet, que, dans le cas de vente du droit, il est besoin d'une possession contraire d'un tiers pour entraîner la perte de l'usufruit. Mais alors ce n'est plus d'un non usage qu'il faut parler, c'est d'une *usucapio libertatis* : Or, comme c'est par non usage que l'usufruit se perd, et non par autre chose, il est impossible de ne pas décider sans distinction aucune, que, dès que l'usufruitier n'use pas, son droit se perd, qu'un prix ait été payé ou non, qu'il y ait possession contraire d'un tiers ou qu'il n'y en ait pas.

68. — Les divers textes que nous venons de passer en revue nous semblent établir suffisamment que les principales règles de la possession sont, en général, applicables à l'usage de l'usufruitier.

69. — Il ne suffit pas que l'usufruitier ait cessé d'user pour que l'extinction de son droit se produise. Il faut, en outre, que le non usage se soit prolongé pendant le temps requis, qu'il ait été continu, que rien ne s'oppose à son efficacité.

1° *Temps requis*. Il est d'un an pour les meubles et de deux ans pour les immeubles (Paul III. 6. § 30). Le point de départ est le dernier acte d'usage et le délai se calcule probablement d'après les règles suivies en matière d'usucapion, c'est-à-dire que le dernier jour sera censé accompli aussitôt qu'il sera commencé. Pour soutenir le contraire on a invoqué la loi 6 *De obl. et act.* Mais ce texte doit être écarté comme se référant seulement au calcul de la durée des actions temporaires ; aussi paraît-il raisonnable d'appliquer, faute de renseignement précis, les règles de l'usucapion à laquelle le non usage emprunte d'ailleurs également la durée des délais (1) et la théorie de l'*accessio possessionum*.

2° *Continuité*. Elle est la conséquence du défaut d'interruption du non usage, c'est-à-dire du défaut complet d'exercice du droit. De cette définition résulte que, tant que la servitude ne sera pas éteinte, tout exercice du droit d'usufruit (*usurpatio libertatis*) rend inutile la fraction de délai de prescription déjà écoulée, sans préjudice, bien entendu, du commencement d'un

___

(1) Par analogie ou en a conclu que, comme l'usucapion le non usage éteignait l'usufruit *ipso jure*, et non par voie d'exception.

nouveau délai à compter du dernier acte d'exercice du droit. Après extinction de l'usufruit, au contraire, l'*usurpatio libertatis* est impossible, et il faut remarquer que le propriétaire peut se prévaloir, pour soutenir que la servitude est éteinte, non seulement du non usage qui s'est produit depuis qu'il est propriétaire mais encore du non usage qui s'est produit au temps de son auteur. C'est l'application de la théorie de l'*accessio possessionum* (L. 18 § 1, *Quem. serv.*).

3° *Défaut de circonstances rendant le non usage inefficace.* Les principales sont: *A*. La vente de l'usufruit, le vendeur étant censé jouir grâce à son prix ; nous avons déjà parlé de cette fiction ; *B*. La précarité du non usage (L. 32, pr. *De S. P. U.*) ; *C*. L'existence d'une disposition légale exemptant l'usufruitier de la prescription. C'est ainsi que le mari ne pouvait laisser perdre *non utendo* l'usufruit dotal appartenant à sa femme sur l'immeuble d'autrui (L. 5, *De fund. dot.*) Il en est de même de l'usufruit du pupille, le sénatus-consulte de Sévère défendant l'aliénation des *prædia rustica vel suburbana* sans l'intervention du préteur (L. 3, § 5 *De reb. eor. qui.*).

70. — Les trois conditions précitées accomplies, l'usufruit est éteint par non usage, sans qu'il y ait lieu de s'occuper de la bonne foi du nu-propriétaire, de l'ignorance où se trouvait l'usufruitier de l'existence de son droit (L. 20, *h. t.*), de la force majeure ou de la violence ayant interrompu l'usage, la vio-

lence vint-elle du maître de la chose, sauf, en ce dernier cas, l'intervention du préteur qui pourra forcer
le nu propriétaire à réparer le dommage causé, c'est-
à-dire à reconstituer l'usufruit (L. 9 § 1 *De vi*).

DROIT DE JUSTINIEN

71. — Justinien, désireux de rendre plus difficile
l'extinction de l'usufruit, allongea les délais de non
usage (L. 16, C. *De usuf.*).

A. Quant aux immeubles, l'usufruit qui les grève
ne s'éteint qu'après dix ans entre présents et vingt
ans entre absents. Cette distinction, raisonnable en
matière d'usucapion, est ici peu justifiable. Si, en
effet, il est naturel de tenir compte de la situation
respective des deux adversaires lorsque le propriétaire est obligé de poursuivre le possesseur, comme
il arrive pour empêcher l'usucapion, il est incom-
préhensible, au contraire, que l'on ait égard à cette
situation, lorsque l'usufruitier, pour conserver son
droit, n'a qu'à l'exercer sur le fonds même sans rien
dire au nu propriétaire. Il eut mieux valu allonger
le délai à raison de la distance entre l'usufruitier et
le fonds grevé.

B. Quant aux meubles, il faut non usage de trois
ans. Ce délai est indiqué, ainsi que le délai relatif
l'usufruit immobilier, par la loi 16, C. § 1 *De usuf.*
Justinien y dit en effet que l'usufruit ne s'éteindra

plus par non usage, (c'est-à-dire par l'ancien non usage de un à deux ans), mais qu'il s'éteindra si l'on oppose à l'usufruitier réclamant son droit une exception telle que, s'il était un propriétaire revendiquant, il serait repoussé. Or cette exception ne peut être que la *longi temporis præscriptio*, car le texte se réfère à la distinction entre les cas de présence et d'absence qui appartient en propre à ce moyen de défense, et, comme les délais de la prescription sont de trois ans pour les meubles, de dix à vingt ans pour les immeubles, il en résulte que tels seront aussi les délais dont le nu propriétaire pourra se prévaloir à l'encontre de l'usufruitier qui n'a pas usé de son droit.

72. — Cette conclusion n'est pas contestée (1) en ce qui touche l'usufruit sur les immeubles, parce qu'elle est confirmée par la loi 13, C. *De serv.* Quelques auteurs ont prétendu, au contraire, que l'usufruit mobilier s'éteignait par dix ou vingt ans, et non comme nous l'avons indiqué. La loi 13, disent-ils, distingue dans ses premiers mots entre l'usufruit mobilier, qui s'éteignait autrefois par non usage d'un an, et l'usufruit immobilier qui s'éteignait par deux ans. Puis elle déclare que l'usufruit depuis la réforme de Justinien

(1) On a dit cependant que la loi 16 avait transformé le non usage en *usucapio libertatis* sans allonger, toutefois l'ancien délai qui n'aurait été modifié que plus tard par la loi *unic.* C. *De usuc. trans.* Nous réservons la question de l'*usucapio libertatis*, quant au maintien de l'ancien délai de non usage, il est inconciliable avec la distinction entre absents et présents que fait la loi 16.

s'éteint par dix ou vingt ans. Le silence de la loi implique que l'on ne distingue plus dès ce moment les deux usufruits, au point de vue du délai. Il nous paraît difficile d'admettre que Justinien ait ainsi voulu, par simple omission, abroger une distinction traditionnelle et raisonnable; aussi maintenons-nous le délai de trois ans, en faisant remarquer que ce délai est uniforme, que les parties soient absentes ou non. (1)

73. — L'allongement du délai de non usage est-il la seule innovation de Justinien ; faut-il dire, au contraire, que l'usufruit ne s'éteint, depuis ce prince, que si le nu propriétaire a joui de sa chose pendant toute la durée du délai, avec les conditions requises pour usucaper? Cette question est vivement discutée ; nous allons, avant de la résoudre, analyser le texte qui lui a donné naissance, la loi 16 précitée.

74. — Justinien commence par énumérer dans la loi 16. C. *De usuf.* les modes d'extinction de l'usufruit, et il dit que personne n'a jamais douté que ces modes ne fussent applicables à l'usufruit, droit réel. Passant ensuite à l'action personnelle en délivrance de l'usufruit, qui peut compéter à un créancier d'usufruit en vertu de diverses causes, Justinien rapporte que l'on s'était demandé si cette action périssait par les mêmes modes que le droit réel ; puis il ajoute : On s'accor-

____

(1) A l'appui de notre opinion on cite la loi 1. C. *De usuc. trans.* mais elle nous paraît ne s'appliquer qu'à la prescription de la propriété.

dait à reconnaître qu'elle périssait, comme lui, par la mort de l'usufruitier ou sa *capitis deminutio,* mais il y avait controverse quant au non usage. Afin de faire cesser cette controverse, la constitution pose cette règle, que ni l'action personnelle ni le droit réel ne s'éteindront plus par non usage (c'est-à-dire pour l'ancien non usage d'un à deux ans) comme autrefois.

Suit-il de là que le créancier ou le titulaire de l'usufruit pourront impunément rester inactifs? En aucune façon. En effet : *A.* Quant à l'action personnelle, la constitution ne s'en occupe plus (car la phrase suivante ne parle que d'un usufruit *acquis,* que l'on *a* que l'on *possède,* c'est-à-dire du droit réel). Par suite, cette action reste soumise à la prescription ordinaire des actions civiles, qui se fait par 30 ans. *B.* Quant au droit réel, d'après le texte même de la loi, il se perd si le nu-propriétaire peut opposer à l'usufruitier une exception qui le repousserait alors même qu'il revendiquerait la propriété. De ces derniers mots est née la célèbre controverse annoncée tout à l'heure.

75 — 1ère opinion : Un propriétaire qui revendique ne peut être écarté par le possesseur que si ce dernier lui oppose la *longi temporis præscriptio.* — Un usufruitier, qui réclame l'objet de son droit réel d'usufruit antérieurement constitué, ne peut être repoussé par le nu-propriétaire que si ce dernier

lui oppose la *même exception.* — Or, la *longi temporis præscriptio* suppose, juste titre, bonne foi, et *possession* de 10 à 20 ans. Donc, le nu-propriétaire ne pourra repousser l'usufruitier que s'il a *possédé* la chose grevée ; de telle sorte que, depuis Justinien, le droit d'usufruit ne se perd plus par non usage (puisqu'il faut une possession du nu-propriétaire), mais par une véritable *usucapio libertatis* que le nu-propriétaire doit accomplir à son profit. — A l'appui de ce raisonnement, on invoque le § 3, Inst. *De usuf.* : « *Fini-* « *tur ususfructus... non utendo per modum et tempus* » que l'on traduit : « L'usufruit s'éteint par non usage « accompagné des circonstances (bonne foi, juste « titre, possession) et prolongé pendant le temps « prévus, par la constitution » (L. 16).

76. — 2ᵉ opinion. — La loi 16, qui, dit-on, a transformé l'extinction par non usage en extinction par *usucapio libertatis*, est de l'an 530. Or la loi 13, C. *De serv.* qui est de 531 dit ceci : « De même que « nous n'avons pas voulu maintenir l'extinction de « l'usufruit par non usage de deux ans pour les « immeubles, et d'un an pour les meubles, mais « que nous avons exigé un délai de dix ou vingt ans, « de même nous voulons qu'il en soit ainsi pour les « autres servitudes, afin que toutes se perdent par « non usage, non de deux ans (puisqu'elles portent « exclusivement sur les immeubles), mais de dix ans « entre présents et de vingt ans entre absents. Cela,

« afin d'établir l'unité en cette matière. » Dans ce texte, il faut remarquer deux choses : 1° Justinien dit que l'usufruit ne s'éteint plus par *non usage* d'un ou deux ans, mais qu'il faut dix ou vingt ans. Il constate ainsi l'allongement du délai, mais c'est un délai de non usage, et non d'usucapion, car la loi ne dit pas qu'il faille les conditions de possession etc ; 2° Justinien déclare qu'il établit, pour les servitudes, les règles *antérieurement* posées pour l'usufruit : « *sicut usumfructum.., ita et in cæteris servitutibus.* » Or il ajoute que les servitudes s'éteignent *non utendo*, donc l'usufruit aussi. La loi 13 étant postérieure d'un an à la loi 16, il est bien évident que le premier système interprète mal cette dernière, car il n'est pas admissible que Justinien ait oublié une réforme si radicale et si récente.

77. — A l'argument tiré de la loi 13, qui nous paraît décisif, nous ajouterons ;

A. Que l'extinction par *usucapio libertatis* du propriétaire serait pratiquement impossible puisque, ce propriétaire devrait posséder avec toutes les conditions nécessaires à l'usucapion de la propriété. Il faudrait donc juste titre et bonne foi, c'est-à-dire que l'usufruit lui eût été vendu ou cédé par un tiers qu'il croyait usufruitier ou propriétaire, chose irréalisable. *B.* Que les textes du Digeste protestent contre la nécessité d'une possession par le propriétaire. Notamment la loi 10 *De vi* qui, supposant une expulsion de l'usufruitier et du nu propriétaire par un spoliateur, décide qu'après le temps voulu pour l'extinction par non usage l'usufruit reviendra au propriétaire, n'eût-il pas revendiqué avant cette époque. Or, si le propriétaire n'a pas revendiqué, il n'a pas possédé, donc il y a eu extinction par simple non usage. — C. Que les mots « *non utendo per modum et tempus* » peuvent se traduire : « L'usufruit s'éteint par non usage selon le mode et pendant le temps fixé. » Ce qui veut dire que l'exercice de la servitude par l'usufruitier doit être conforme à son titre, à peine d'extinction de son droit. Si, par exemple, croyant n'être qu'usager, l'usufruitier n'exerçait qu'un droit d'usage, il n'aurait pas joui selon le mode déterminé par son titre, et, par suite, perdrait son *jus fruendi* par non usage. — Ainsi tombe l'argument tiré des Instituts par la première opinion.

DEUXIÈME PARTIE

Section première. — Des moyens d'obvier dans certains cas à la perte future d'un usufruit.

78. — Les nombreuses causes d'extinction dont nous avons parlé amenèrent les jurisconsultes à imaginer certains détours destinés à permettre au constituant de conserver à l'usufruitier son droit pendant toute la période de temps prévue lors de la constitution. Les moyens employés en vue d'obtenir ce résultat sont les suivants :

79. — 1° L'usufruit est légué *in singulos annos, menses, dies*. — Dans ce cas, en effet, la volonté du défunt est interprétée en ce sens qu'il a fait autant de legs d'usufruit que le légataire doit vivre d'années, de mois, de jours (L. 1, pr. *Quando dies ususf.*). Le legs de la première année, du premier mois, du premier jour est naturellement pur et simple ; les autres sont à terme. Or, comme d'une part on ne peut perdre un usufruit qui n'est encore ni créance ni droit réel (L. 1, § 1. *h. t.*), comme d'autre part le *dies cedens* du legs d'usufruit à terme n'a lieu qu'au jour de l'arrivée du terme (L. 5. § 1. *Quando dies leg.*), si une cause d'extinction de l'usufruit vient à se produire pendant une année quelconque, l'usufruit de l'année en cours sera il est vrai perdu (1), mais un nouveau droit naîtra au début de l'année suivante.

80. — 2° L'usufruit est légué *in alternis annis*, c'est-à-dire pour en jouir de deux années l'une. — En effet, une interprétation de volonté et un raisonnement identiques à ceux déjà rapportés au sujet du legs *in singulos annos*, conduisent à décider que le legs *in alternis annis* est multiple (L. 1. pr. *Quando dies ususf.*), que, par suite, le droit de jouir n'est sujet qu'à des extinctions purement temporaires, sauf mort de l'usufruitier ou perte de la chose (L. 2. § 1. L. 28. *h. t.*).

81. — Le legs *alternis annis* peut être fait, soit à un seul légataire soit à deux. Au premier cas le nu-propriétaire garde la pleine propriété de deux années l'une, au deuxième il ne l'a jamais, excepté pendant les années où l'un des usufruits s'éteint, le droit d'accroissement n'existant pas entre ces légataires (L. 2, pr. *h. t.*). — Dans cette deuxième hypothèse, le testa-

---

(1) Le *legatum annuum* est aussi censé contenir plusieurs legs, le 1er pur et simple, les autres conditionnels (L. 4. *De ann. leg.*) ; mais le légataire, au contraire de l'usufruitier, a droit acquis à la totalité de l'annuité dès le 1er jour de l'échéance. (L. 8. *De ann. leg.*).

teur doit, régulièrement, indiquer celui des deux usufruitiers qui est appelé à jouir le premier. Qu'arrive-
t-il s'il ne l'a fait? Si les noms des légataires ont été
énumérés, le premier dans l'ordre a la première
jouissance. Si ce moyen manque, si, par exemple, le
testateur a dit je lègue l'usufruit, *alternis annis*, aux
deux Mœvius, les deux usufruitiers peuvent s'empêcher réciproquement d'exercer leur droit à moins
qu'ils ne s'accordent. (L. 34. *De usuf.* L. 2. § 2 *h. t.*).

82. — 3° L'usufruit est légué pour un temps
déterminé, par exemple *usque ad decennium* ou
quamdiu vivat legatarius (L. 3. pr. *h. t.*). En effet, le
testateur, ayant manifesté l'intention de conférer un
droit devant durer jusqu'à l'époque fixée, le legs est
considéré comme une série de legs dont le *dies cedens*
se place, pour le premier à la mort du constituant,
pour les suivants à l'arrivée de l'événement qui éteint
l'usufruit antérieurement constitué. En conséquence
la jouissance du légataire ne cesse que par la perte
de la chose, l'arrivée du terme ou la mort.

83. — On a soutenu que la mort de l'usufruitier
n'éteignait pas le droit de jouissance, et que ce droit
se perpétuait au bénéfice des héritiers en cas de legs
de l'usufruit *usque ad tempus*. La loi 35 *De usuf.
leg.* paraît favorable à ce système : « Un mari a légué
« à sa femme l'usufruit d'une *villa* pour cinq ans à
« compter du jour de sa mort ; puis il a ajouté : au
« bout de cinq ans l'usufruit cessera, et je lègue ce

« fonds, en pleine propriété, à tels et tels de mes
« affranchis. La femme meurt au cours des cinq ans ;
« on demande si les affranchis peuvent réclamer dès
« sa mort la pleine propriété ou s'ils doivent attendre
« la fin des cinq ans, puisque le testateur n'a légué
« la pleine propriété que pour l'expiration des cinq
« ans. Le jurisconsulte a répondu que les affranchis
« devaient attendre les cinq ans. »

Ce texte ne prouve rien : le jurisconsulte indique
lui-même la raison de la solution qu'il contient : Le
testateur a voulu que les affranchis ne soient pleins
propriétaires qu'au bout de cinq ans. Par suite, quoi
qu'il arrive, le fonds doit être grevé d'usufruit pendant cinq ans. Mais le droit de la femme ne passe
pas à ses héritiers, seulement, comme l'usufruit ne
peut continuer pour elle, puisqu'elle est morte, on
suppose, par interprétation de la volonté du défunt,
un nouveau legs s'ouvrant à la mort de la femme au
profit de ses héritiers, et devant durer jusqu'à la fin
du délai fixé dans le testament.

84. — 4º L'usufruit est légué avec cette déclaration que, s'il vient à s'éteindre, le testateur entend le
redonner au légataire. — En effet, ce legs, comme
les précédents est composé de plusieurs legs dont chacun s'acquiert séparément, le premier au décès, les
suivants lors de l'extinction du précédent usufruit.

85. — L'effet de la disposition dont nous parlons
varie suivant les formules employées. Si le testateur a

dit par exemple : « *Quoties quis capite minutus erit,
ei lego* » comme il n'a prévu qu'une cause d'extinction,
sa disposition n'aura de force qu'en cas de *capitis
deminutio.* — Si, au contraire, le testateur disposé
d'une manière générale : « *Quotiens amissus erit,* »
l'usufruit renaîtra, quelle que soit la cause de l'extinction (L. 3, pr. *h. t.*), sauf, bien entendu, les cas
de perte de la chose ou de mort de l'usufruitier (L. 5,
pr. *h. t.*) En cette dernière hypothèse d'ailleurs, le
testateur, prévoyant la mort, pourrait aussi léguer
l'usufruit aux héritiers du légataire. Ceux-ci recueil-
leraient alors l'usufruit, étant personnellement appelés, à condition d'être eux-mêmes vivants et capables.

86. — Il semblerait, à lire la loi 23 *De usuf. leg.*
que la déclaration du testateur, par laquelle l'usufruit est de nouveau légué à l'usufruitier pour le cas
d'extinction, ne serait efficace que si elle se combi-
nait avec un legs *in singulos annos.* Mais alors elle
serait inutile. Pour résoudre la difficulté, Cujas (modi-
fiant le texte, *nec* au lieu de *tunc*), interprète ainsi :
Ladite déclaration peut être faite, et ce n'est plus seu-
ment, comme autrefois, par legs *in singulos annos*
qu'on peut empêcher l'usufruit de s'éteindre. D'autres
comprennent au contraire : Il a été permis de tout
temps de faire renaître l'usufruit par une déclaration expresse, et, dernièrement, l'effet ainsi obtenu
a été attaché au legs *in singulos annos*

87. — Dans les quatre catégories d'espèces précitées, l'usufruit est dit *repetitus* ou *relegatus*. Il est visible que la *repetitio* est tacite pour les trois premières, expresse pour la quatrième. La *repetitio* tacite est, naturellement, toujours générale, la *repetitio* expresse peut être, au contraire, générale ou particulière ainsi que nous l'avons indiqué (1).

Section II. — Conséquences de l'extinction.

88. — 1° *Retour de l'usufruit à la propriété*. — Il s'effectue dès que l'usufruit s'éteint, même partiellement, pour toute autre cause que la perte totale de la chose ou la consolidation sur la tête de l'usufruitier (Inst. § 4, *De usuf.*), à moins cependant qu'il n'existe plusieurs titulaires jouissant du droit d'accroissement, cas auquel la réunion n'a lieu qu'après perte de l'usufruit par le dernier des colégataires. Ce retour de l'usufruit, encore qu'il augmente l'émolument du propriétaire, n'est pas une acquisition. Le droit de jouir est en effet compris dans le droit du nu-propriétaire malgré qu'il en soit temporairement

---

(1) La *repetitio* laisse intact le droit d'accroissement existant entre co-légataires d'usufruit. Mais si cette *repetitio* n'est que partielle, l'accroissement n'a lieu après perte et répétition que proportionnellement à la partie répétée (L. 3, §§ 1, 2, *h. t.*).

démembré. C'est ce que suppose la loi 4 *De jure dot,* qui dit : « Si un usufruit vient rejoindre une nue « propriété constituée en dot, on doit considérer « que la dot a été augmentée, et non qu'il y a nou- « velle dot. C'est en effet comme si le fonds dotal « s'était accru à suite d'alluvions. »

89. — 2° *Restitution de la chose.* Elle est faite au nu-propriétaire ou à ses héritiers (L. 32. § 1 *De usuf. leg.*). Elle porte, non seulement sur les objets *ab initio* soumis à l'usufruit ou sur ce qui en reste sous une forme différente (par exemple sur la peau de l'animal mort), mais encore sur les accessions tant naturelles que provenant du fait de l'usufruitier, (constructions, améliorations etc.). Ces accessions ne peuvent être enlevées par l'usufruitier, qui n'a pas droit non plus à une indemnité ; cette règle est la conséquence du principe général d'après lequel tout dédommagement est refusé à celui qui a con-truit *sciemment* sur le sol d'autrui (L. 15, pr. *De usuf.* Inst. § 30, *De rer. div.)*

90 — En cas de résistance, la restitution s'obte-nait :

1° Dans le droit primitif, à défaut d'arrangements entre les parties par une action en revendication qui avait l'inconvénient d'obliger le nu propriétaire à faire, comme tout revendiquant, la preuve de son droit, et de ne lui donner aucun recours contre les héritiers de l'usufruitier lorsqu'ils n'avaient pas commis de dol, dès qu'ils cessaient de détenir.

2° En outre, lorsque le préteur eut rendu obligatoire la *cautio usufructaria* et en eut fait une condition préalable de l'entrée de l'usufruitier en jouissance, par une action *ex stipulatu* qui supprimait le double inconvénient précité. Mais il faut remarquer que, les stipulations ne profitant qu'au stipulant lui-même ou à ses héritiers, l'action *ex stipulatu* en vertu de la *cautio* devenait impossible en cas d'aliénation de la nue-propriété par le créancier. Dès lors, en effet, il ne pouvait agir lui-même, faute d'intérêt ; d'autre part l'acquéreur ne pouvait se prévaloir d'un contrat où il n'avait pas été partie, de telle sorte que la revendication devenait la seule voie possible (L. 3, § 4, *Ususf. quem. cav.*).

91 — La restitution de la chose est la conséquence forcée de l'extinction de l'usufruit. Il est pourtant des cas exceptionnels où le propriétaire ne pourrait l'exiger, car elle n'aurait d'autre résultat que de l'exposer à l'action de l'usufruitier immédiatement devenu titulaire d'un nouveau droit. C'est ce qui arrive lorsque l'usufruit a été légué de nouveau pour le cas où il viendrait à s'éteindre (L. 3, § 2 *Usuf. quem. cav.*) C'est ce qui arriverait, croyons-nous, lorsque l'usufruit a été aussi légué ou stipulé en faveur des héritiers de l'usufruitier (L. 38, § 12 *De verb. obl.* — L. 45 pr. *h. t.*) ou lorsque le propriétaire ne pourrait le dire éteint que par la mort du légataire alors qu'il a été restitué à un fidéicommissaire sur la vie duquel le préteur règle la durée de l'usufruit (L. 4, *h. t.*) — car il y a même raison de décider. Dans toutes ces hypothèses il est bien évident que la restitution ne peut être demandée *ex stipulatu* lorsqu'il résulte des termes de la stipulation qu'elle ne doit avoir lieu que lorsque le droit de jouissance sera irrémédiablement épuisé, mais il en serait ainsi même si les termes employés ne renfermaient pas une pareille restriction : seulement alors il serait nécessaire d'opposer une exception de dol à la demande du nu propriétaire (L. 3, § 2 *Usuf. quem. cav.*)

92. — L'usufruitier qui a restitué la chose, telle que nous l'avons définie, non dégradée par son fait ou sa négligence, est libéré de son obligation envers le nu-propriétaire. Si, au contraire, il ne restitue pas, non seulement l'obligation subsiste, mais ni lui ni ses héritiers ne peuvent usucaper la chose dont ils ont gardé la détention, quelque laps de temps qui s'écoule. Cette règle ne doit pas être étendue aux successeurs à titre particulier (L. 36, pr. *De usuf. leg.*)

93. — 3° *Naissance d'actions.*

1° Contre l'usufruitier. Ce peut être :

A. *La revendication* donnée au propriétaire, en cette qualité, à l'effet d'obtenir la restitution de la chose (L. 7, pr. *Ususf. quem. cav.*). Nous avons indiqué ses inconvéniens — *B. Une action ex stipulatu* née de la *cautio usufructuaria* destinée, à faciliter la restitution, dont nous avons déjà parlé — *C. L'action négatoire,* qui compète également au nu propriétaire, tant pour obtenir la restitution du *jus fruendi,* que pour faire cesser le trouble apporté à sa jouissance par l'ancien usufruitier ou un tiers — *D. L'action de la loi Aquilia* (L. 13 § 2, *De usuf. et quem.*), si l'usufruitier a par dol ou par faute causé *corpori* et *corpore* un dommage à la chose du nu-propriétaire. Mais la loi *Aquilia,* nous le savons, ne prévoit par les simples négligences — *E. Une action, ex stipulatu* née encore de la *cautio usufructuaria,* destinée à indemniser le nu-propriétaire du préjudice à lui causé par la négligence de l'usufruitier, que cette négligence l'ait dépouillé d'un droit (L. 1 § 7, *Usuf. quem. cav.*), ou qu'elle ait diminué la valeur de la chose (L. 9 § 6 *De usuf. et quem*). Cette action peut s'exercer avant l'extinction de l'usufruit (L. 1 § 5, *Usuf. quem cav.*). — *F. Une action personnelle* en restitution des fruits indûment perçus par l'usufruitier depuis l'extinction de son droit, toutes les fois que la restitution a eu lieu, mais tardivement, et sans qu'il soit besoin d'intenter l'action en revendication (L. 5, C. *De usuf.*). En cas de revendication, en effet, l'usufruitier étant possesseur de mauvaise foi puisqu'il ne peut ignorer l'événement qui a mis fin à son droit, devrait restituer les fruits en même temps que la chose. — *G. Une action personnelle* en réparation du préjudice causé au concessionnaire de la jouissance si l'usufruitier éteint l'usufruit par son fait. Cette action existe encore en supposant l'usufruit éteint par toute autre cause que le fait de l'usufruitier, si ce dernier avait concédé la jouissance à un titre emportant garantie, *et* s'il s'était présenté au concessionnaire comme propriétaire (L. 9, § 1 *Locat.*).

94. — 2ᵉ Au profit de l'usufruitier — Il naît de l'extinction de l'usufruit une action récursoire contre celui (tiers ou propriétaire) par la faute de qui l'usufruitier a été privé de son droit. Cette action peut être :

A. Que l'extinction ait été causée par le propriétaire ou par un tiers, l'action utile de la loi *Aquilia* (L. 17, § 3 *De usuf.*)

B. Si l'extinction a été causée par le fait d'un tiers à qui l'usufruitier avait cédé l'exercice de son droit, l'action *ex contractu* (L. 29, pr. *h. t.*).

C. Si l'extinction a été causée par le fait du propriétaire : 1° L'interdit *quod vi aut clam* pourvu d'ailleurs que les conditions qu'il suppose soient réalisées. 2° L'action *ex testamento*, si, l'usufruit résultant d'un legs, le propriétaire a par son fait rendu la constitution du droit impossible avant la délivrance du legs (L. 5, § 3, *h. t.*) 3° L'action *de dolo*, en supposant que tout autre moyen de réparer le préjudice fasse défaut, car cette action est subsidiaire. Remarquons à ce propos que la loi 5 § 3 semble contredire ce caractère subsidiaire car elle donne à la fois l'action *ex testamento* et l'action de dol. Cette contradiction n'est qu'apparente. Il est en effet très naturel de supposer que la loi 5 prévoit deux hypothèses très différentes. La première serait celle que nous venons de faire à propos de l'action *ex testamento*, la deuxième se référerait au cas où l'usufruit aurait été éteint après la délivrance du legs. Au surplus le propriétaire peut éviter l'une et l'autre action en constituant ou reconstituant l'usufruit (L. 7, *h. t.*)

— Le propriétaire ne pourra jamais être attaqué par l'action confessoire. Celle-ci, en effet, efficace pour permettre à l'usufruitier de s'opposer aux entreprises du propriétaire sur son droit, n'existe plus dès que l'usufruit est éteint.

95. — Nous avons déjà indiqué que l'usufruitier n'avait droit à aucune indemnité à raison des constructions ou améliorations par lui faites. Il ne peut non plus les enlever. Quant aux labours et semences les lois 46 *De usuris.* — 1. C. *De fruct.* — 7 pr. *Sol. matr.* peuvent faire croire que l'usufruitier a droit à récompense à raison des frais faits pour eux. Mais il est plus généralement admis que rien ne lui est du de ce chef les textes spéciaux à l'usufruit étant muets à cet égard. (L. 27, pr. *h. t.*)

96. — 4° *Partage des fruits.*

On distingue entr'eux.

1° Fruits naturels.

Perçus au moment de l'extinction, ils appartiennent

à l'usufruitier, non perçus, au nu-propriétaire. (L. 13,
h. t.) (1). On entend par perception « la prise de
possession des fruits par l'usufruitier, *animo et
corpore, animo utique suo, corpore vel suo, vel
alieno* » (M. Gérardin : *De l'acquisition des fruits par
l'usufruitier*, page 5).

97. — Cette exigence de la perception pour l'acquisition des fruits établit une notable différence
entre l'usufruitier d'une part, le propriétaire ou le
possesseur de bonne foi de l'autre. Ce dernier en
effet gagne les fruits dès qu'ils sont détachés, fut-ce
par cas fortuit, et de même le propriétaire, encore
qu'il ne possède pas la chose frugifère, réserve
faite cependant des droits du possesseur de bonne
foi.

La raison de cette différence dans le traitement
des personnes précitées doit être cherchée, soit
comme le dit Ulpien en ce que « *Ususfructus
« ex fruendo consistit, id est facto aliquo ejus qui
« fruitur* » (L. 1, pr. *Quando dies ususf.*), soit dans
la défaveur de la loi pour l'usufruit.

98. — De la définition donnée ci-dessus de la
perception résultent plusieurs conséquences.

1° Les fruits peuvent être dits perçus encore
qu'ils n'aient été nullement transformés (L. 13, *h. t.*)

(1) Cujas a prétendu que les fruits de la dernière année devaient se
répartir entre le propriétaire et l'usufruitier, en proportion de la durée
de l'usufruit pendant la dernière année. Cette opinion est contraire
aux textes.

2° La perception ne peut avoir lieu que lorsque l'usufruitier a été mis en rapport de fait avec la chose grevée. Mais si le nu-propriétaire a, par sa faute, retardé son entrée en jouissance, le juge de l'action confessoire devra tenir compte des fruits non perçus pour indemniser l'usufruitier (L. 5, § 3 *Si ususf. pet.*).

3° Ne peuvent être considérés comme perçus, les fruits simplement détachés par cas fortuit (L. 13, *h. t.*) : ils appartiennent au propriétaire. Mais : *A*. Très-probablement l'usufruitier gagne les fruits tombés en venant les percevoir lui-même au pied de l'arbre. *B*. En cas de possession de la chose, ou de quasi possession de l'usufruit par un tiers de mauvaise foi, le juge de l'action confessoire fera restituer les fruits ou leur valeur à l'usufruitier demandeur (L. 5, § 3, *Si ususf. pet.*). — *C*. En cas de vol des fruits par un tiers, l'usufruitier a contre le voleur l'action *furti*. Que si cette action est insuffisante à indemniser le volé, celui-ci ne pourra, il est vrai, forcer le nu propriétaire à lui céder la *condictio furtiva* qui lui appartient en sa qualité de propriétaire des fruits (L. 12, § 5, *De usuf.*), aucun rapport d'obligation n'existant entre eux, mais on lui donnera probablement une action personnelle née *quasi ex contractu*, la *condictio sine causa*, si le propriétaire a obtenu du voleur la restitution des fruits, car nul ne peut s'enrichir injustement aux dépens d'autrui.

Que si le voleur était le propriétaire, la même action et l'action *furti* compéteraient contre lui. (1)

4° Le croît des animaux ne s'acquiert que par la perception, comme les autres fruits. Cette dernière conséquence a été contestée. On a dit que le croît s'acquérait exceptionnellement *separatione*, et l'on s'est fondé, pour le soutenir, sur la loi 28 pr. *de usuris* : « *Itaque agni et hœdi et vituli statim pleno jure sunt... fructuarii* ». Ce texte paraît en effet très formel. On a d'ailleurs ajouté que la distinction ainsi établie était parfaitement rationnelle, puisque le croît est un produit qui se détache de lui-même au contraire des autres fruits qui ont besoin pour être perçus du fait de l'ho mme. — A cela on peut répondre que la loi 28 met sur la même ligne, la laine, le lait et le croît, les appelle fruits, et en tire cette conséquence, que le croît est acquis à l'usufruitier. Or, la laine et le lait ne s'acquièrent que par la perception. Pourquoi donc en serait-il autrement du croît qui leur est assimilé. Nous ne voyons pas bien, d'ailleurs, en quoi le croît se détache de lui-même plus que ne le ferait une pomme qui tombe.

99. — On s'est demandé si les fruits, perçus par l'usufruitier, devaient être considérés comme

-----

(1) Peut-être pourrait-on accorder encore à l'usufruitier une *condictio incerti*. Dans certains cas particuliers une indemnité serait en outre obtenue grâce aux interdits quasi possessoires ou à l'action utile *legis Aquiliœ* (Voir : M. Gérardin : *De l'acquisition des fruits.*).

acquis par occupation ou par tradition. — En faveur
du premier système, on a dit : 1° Que le § 36 des Institutes qui parle de la perception des fruits, est
placé à la suite des modes originaires d'acquisition de la propriété, et avant les modes dérivés ;
d'où il suit que la perception se rattache aux modes
originaires : 2° Que la loi 1, pr. *Quando dies ususf.* est
en ce sens. En effet, elle dit : « *quamquam ususfructus in fruendo consistat, id est facto aliquo* » : Ce fait
c'est l'occupation. Le propriétaire abandonne la
jouissance de sa chose et l'usufruitier s'empare des
fruits. Il y a bien là occupation. 3° Que les conséquences du système opposé sont désastreuses : En
effet, avec la tradition : *A*. Si le nu propriétaire cesse
d'être propriétaire ou devient incapable, il ne peut
consentir de tradition au profit de l'usufruitier qui,
dès lors, ne peut plus percevoir. *B*. Le nu propriétaire qui a grevé d'une hypothèque les fruits futurs,
depuis la constitution de l'usufruit, ne les livre à l'usufruitier, que grevés de l'hypothèque. Ces deux inconvénients n'existeraient pas avec une occupation. — En
faveur du deuxième système, on peut dire : 1° Que
tous les éléments nécessaires à la réalisation d'une
tradition, se retrouvent dans la perception de l'usufruitier. En effet, la *justa causa* (intention par le propriétaire d'aliéner, par l'*accipiens* d'acquérir) existe ;
il en est de même de la remise effective du *corpus*,
car cette remise peut se faire aussi bien en laissant

prendre une chose qu'en la remettant en effet ; 2º que le fermier qui, comme l'usufruitier, reçoit son droit aux fruits du propriétaire, est censé recevoir une tradition.

Nous préférons rattacher comme ce deuxième système la perception à une tradition. Si en effet il est vrai de dire avec la loi 44 *De rei vind.* que les fruits pendants font partie du fonds, il faut bien en déduire que ces fruits appartiennent au propriétaire. Or, comment l'usufruitier pourrait-il acquérir, par occupation, une chose qui n'est pas *res nullius* ? On nous dit, il est vrai, que le propriétaire abandonne la jouissance, ce qui permet à l'usufruitier d'occuper les fruits, mais n'est-ce pas là jouer sur les mots ? Lorsque je me dépouille de ma propriété, avec l'intention de la laisser acquérir à une personne déterminée, n'y a-t-il pas une tradition ? D'ailleurs comment dire que le nu propriétaire a abandonné son droit sur les fruits, quand il lui est permis d'exercer la *condictio furtiva* contre le voleur ?

100. — 2º Fruits civils.

On appelle ainsi « les créances de revenus qui ont « pour cause la jouissance d'un capital mobilier ou « immobilier » consentie à un tiers (M. Gérardin, *op. cit.*, p. 16). Ces créances sont diversement attribuées (1) selon les circonstances ; — de là une distinction.

---

(1) Nous ne disons pas *partagées*, le mot est parfois inexact.

101. — *A. Créance résultant de la location d'une chose productive de fruits naturels.* Elle est comme le prix des fruits naturels ; d'où : 1° Le fermier la doit proportionellement à la quotité de fruits qu'il perçoit: 2° L'usufruitier la gagne comme les fruits naturels, c'est-à-dire encore proportionnellement à la quotité de fruits perçus. De là résulte : X. Que, si au jour du décès de l'usufruitier la récolte est faite tout entière, le fermage est dû tout entier par le fermier, et acquis tout entier par l'usufruitier, lors même que son échéance serait postérieure au décès. Quant au nu propriétaire, le bail étant pour lui *res inter alios acta,* il peut expulser le fermier sur le champ. *Y.* Que, si au jour du décès de l'usufruitier, la récolte n'est pas commencée, le fermage n'est pas dû. Quant au nu propriétaire, il peut, le bail ne lui étant pas opposable, percevoir lui-même les fruits. Bien entendu il n'a droit à aucun fermage ; mais, il peut s'arranger avec le fermier, qui, alors, percevra les fruits et payera loyer au nu propriétaire. *Z.* Que si, au jour du décès, les fruits sont en partie perçus, une part proportionnelle du loyer est due et acquise à l'usufruitier. Quant au nu propriétaire, il pourra récolter les fruits pendants, ou, s'ils ont été indûment perçus par le fermier, réclamer une indemnité. Mais, remarquons le, il n'y a pas dans notre espèce, partage de la créance de loyers entre l'usufruitier et le nu propriétaire (L. 58, pr. *De usuf.*).

102. — Cette opinion a été contestée. On a dit que la créance de fermages s'acquérait, non pas de la même manière que les fruits naturels, mais de la même manière que les créances provenant de la location de choses non frugifères dont nous allons parler ci-après, c'est-à-dire jour par jour. A l'appui de ce système on prétend : 1° Que la loi 58 précitée n'a d'autre but que de régler les rapports du fermier et de l'usufruitier, et non ceux de l'usufruitier et du propriétaire ; 2° Que la loi 9 § 1 *Locati* assimile la location d'un *fundus*, chose frugifère, à la location d'une *insula*, chose non frugifère, et qu'elle dit qu'en cas de mort de l'usufruitier, la *pensio* doit être payée en proportion du temps pendant lequel le locataire a eu la jouissance. De là résulterait une règle identique applicable à tous les fruits civils.

103. — Nous répondons : 1° Que la loi 58 règle les rapports de l'usufruitier et du nu propriétaire, car le texte le dit expressément : « *utrum pensio heredi fructuariæ solvi deberet... an dividi debeat inter heredem fructuariæ et rempublicam cui proprietas legata est.* » 2° Que la loi 9, pourrait bien ne pas statuer sur notre hypothèse, car rien ne dit que le *fundus* dont elle parle soit productif de fruits. On a même prétendu que, le *fundus* fut-il frugifère, la loi 9 ne contredirait pas la loi 58. Car, en admettant que le fermier ne doive la *pensio* que proportionnellement à la quantité de récolte perçue, on peut encore dire

« qu'il doit son loyer au prorata de la jouissance
« qui lui a été procurée » (M. Gérardin, *loc. cit,*
p 21). Mais ce dernier argument ne nous paraît
pas tenir compte de tous les mots du texte, qui
ne parle pas du prorata de la jouissance, mais du
prorata *du temps* de jouissance.

104. — *B. Créance résultant de la concession de la
jouissance d'une chose non productive de fruits naturels,* telle qu'une maison, un esclave. Cette créance,
étant la représentation de l'usage que l'usufruitier
aurait pu faire personnellement de la chose, appartient à l'usufruitier pour tout le temps où cet usage
eût été possible, c'est-à-dire jusqu'au jour du décès.
Elle s'acquiert donc jour par jour. (Argum. des lois
26, *De usuf.* et 9, § 1, *Locati.*)

105. — 1ᵉʳ exemple : L'usufruitier a loué pour un
an la maison ou l'esclave grevés de son droit. En ce
cas : 1° Le bail étant un contrat *successif,* c'est-à-dire
engendrant une série de créances *futures* égales en
nombre au nombre de jours de jouissance procuré
par le bailleur, le locataire devra une part du loyer
proportionnelle au temps écoulé (L. 9, § 1 *Locati*) :
2° Le loyer étant la représentation de l'usage que
l'usufruitier aurait pu faire de la chose jusqu'à son
décès, chaque créance de loyer due par le locataire,
comme il a été dit, appartiendra à l'usufruitier proportionnellement au nombre de jours de jouissance
procurés (L. 9, § 1, *Locati*) : 3° Le bail fait par cet

usufruitier, étant pour le nu propriétaire *res inter alios acta*, d'une part le nu propriétaire ne deviendra pas créancier d'une portion quelconque des loyers, d'autre part, il ne sera pas tenu de respecter le bail. Si le nu-propriétaire évince le locataire, celui-ci ne pourra demander aucune indemnité aux héritiers de l'usufruitier, car il a dû prévoir que le bail était aussi fragile que le droit de son bailleur, (L. 9, § 1, *Loc.*) — Remarquons que, dans cette hypothèse, il n'y a aucun partage de fruits civils entre le nu propriétaire et l'usufruitier, puisque l'usufruitier acquiert tous ceux qui sont nés de son contrat sans que le nu propriétaire puisse élever sur eux aucune prétention.

106. — 2ᵉ exemple : L'esclave grevé d'usufruit a loué lui-même ses services. En ce cas, comme dans l'espèce précédente : 1° Le bail étant un contrat *successif*, le loyer sera du par le locataire à proportion des jours de jouissance : 2° Le loyer représentant l'usage de la chose, l'usufruitier y aura droit jusqu'à son décès : 3° Mais, au contraire de ce que nous avons dit plus haut, le bail subsistera malgré le décès de l'usufruitier et sera opposable au nu propriétaire, qui, par contre, aura droit au loyer à compter du décès, l'esclave étant censé contracter pour *qui de droit* (L. 26, *De usuf.*) — Par suite de cette particularité, il y aura lieu, dans notre hypothèse, à un véritable partage de fruits civils entre l'usufruitier et le nu propriétaire, puisque le droit de chacun provient de la même créance.

107. — Le caractère successif du contrat de bail permet d'éviter, dans notre exemple, une conséquence fâcheuse du principe, d'ailleurs très-raisonnable, que l'esclave qui acquiert *ex operis suis*, acquiert pour celui qui a droit à ses services. Sans ce caractère en effet, la créance, soit qu'on la considère comme une créance unique et ayant divers termes d'échéance, soit qu'on voit en elle une série de créances conditionnelles subordonnées chacune à la prestation de la jouissance correspondante au loyer, serait acquise en totalité à l'usufruitier dès le premier moment. Le nu propriétaire n'y aurait donc pas droit après l'extinction de l'usufruit, et pourtant le bail lui serait opposable, car il serait inexplicable que la loi 26 lui accordat le droit au loyer à échoir s'il n'était tenu de respecter le bail.

108. — Il se peut, que l'esclave, au lieu de louer ses services sans autre formalité, stipule en outre le prix de sa location. Nous avons à examiner l'influence que cette stipulation peut avoir sur la répartition des fruits civils entre le nu propriétaire et l'usufruitier. Voici les textes :

1° Loi 25 § 2 *De usuf.* « Si un esclave a loué ses
« services et stipulé une somme déterminée pour
« chaque année de bail, la créance des années pen-
« dant lesquelles l'usufruit a duré est acquise à

« l'usufruitier. La créance des années suivantes,
« bien qu'acquise à l'usufruitier, passe au nu pro-
« priétaire, quoique les créances une fois acquises
« à une personne ne puissent passer ordinairement
« à un tiers autre qu'un héritier ou un adrogeant.
« Par suite, si nous supposons un usufruit laissé
« sur un esclave *in singulos annos*, l'esclave louant
« ses services et en stipulant le prix comme il a été
« dit, chaque fois que l'usufruit sera perdu par
« *capitis deminutio* il renaîtra l'année suivante, et
« alors la créance voyagera, puisque, passant dans
« le patrimoine de l'héritier, elle retournera à l'usu-
« fruitier. »

2° L. 18, § 3, *De stip. serv.* « Un esclave grevé
« d'usufruit avait loué ses services, et, à ce titre,
« avait stipulé une somme d'argent pour chaque
« année. L'usufruit cessant, Julien dit que la créance
« qui s'applique au temps encore à courir est ac-
« quise au propriétaire. Cette opinion me paraît
« s'appuyer sur de solides raisons. Si, en effet, la
« location est faite pour cinq ans, comme il y a
« incertitude sur le point de savoir jusqu'à quel jour
« durera l'usufruit, le loyer afférant à chaque année
« est acquis a l'usufruitier au commencement de
« chaque année. D'après cela, la créance ne passe
« pas de l'un à l'autre, mais elle est acquise à cha-
« cun, dans la limite que permet la règle du droit.
« En effet, si nous supposons que ce même esclave

« stipule ainsi : Promets-tu de restituer autant d'ar-
« gent que je t'en verserai dans un délai déterminé,
« la question de savoir qui aura l'action *ex stipulatu*
« reste en suspens. Si l'argent a été versé, *ex re*
« *fructuarii* ou *ex operis suis*, l'action appartient à
« l'usufruitier. Si l'argent vient d'ailleurs, c'est au
« maître. »

109. — Ces deux textes prévoient la même hypothèse et lui donnent en définitive la même solution :
Toutes les fois que l'esclave a stipulé une certaine
somme, pour une certaine période de temps qui doit
se renouveler plusieurs fois, la stipulation est, par
suite d'une interprétation de volonté, divisée en
autant de parties qu'il y a de périodes de temps
renouvelables, et chaque créance ainsi obtenue est
acquise au début de chaque période à celui qui a
droit à ce moment aux services de l'esclave.

110. — De là résulte :

1° Que si l'esclave a stipulé tant par jour, par
exemple *decem in singulos dies*, la créance sera
acquise à l'usufruitier, exactement comme s'il s'é-
tait loué sans avoir stipulé son salaire. En effet,
chaque jour, celui qui a droit aux services acquiert la créance, de telle sorte que la répartition du salaire entre l'usufruitier et le nu propriétaire s'effectue de la manière indiquée en la
loi 26 précitée.

2° Que si l'esclave a stipulé tant par an, par exemple *decem in annos singulos*, la créance se décomposera comme nous l'avons dit, et que chaque créance ayant pour objet le salaire d'une année sera acquise *initio cujusque anni* à celui qui, à ce moment, a droit aux services de l'esclave. Cette deuxième conséquence est expressément admise par les lois 25 et 18 que nous avons traduites, mais l'un et l'autre jurisconsultes arrivent au même résultat par des chemins différents. Ulpien pense que la créance stipulée est acquise tout entière à l'usufruitier, mais que les fractions de la créance correspondantes aux années qui suivent l'extinction passeront au nu propriétaire, probablement par la volonté de la loi. Ce serait une dérogation à la règle de l'incessibilité des créances à titre particulier. Papinien, au contraire, admet que chaque fraction de créance est acquise, tant à l'usufruitier qu'au nu propriétaire, dans la mesure du droit de chacun. Il n'y a donc aucune cession de créance, puisque toute créance prend naissance dans la personne de son titulaire définitif. D'après cette dernière théorie, que nous préférons, il se produit ici un phénomène analogue à celui que nous avons déjà constaté à propos de l'acquisition de la créance de loyer non stipulée. Chaque créance engendrée par la stipulation est *future* et elle se fixe à son heure dans la personne de *qui de droit*.

3° Que si l'esclave avait stipulé en bloc tant pour ses services, la créance née de la stipulation ne pourrait plus se décomposer et serait acquise en une seule fois à l'usufruitier, même pour le temps qui suit l'extinction de l'usufruit. En effet, nous ne voyons pas comment, dans cette espèce, on pourrait arriver à décomposer la stipulation ; il faudrait donc la traiter en entier comme les lois 25 et 18 traitent chaque fraction de stipulation, c'est-à-dire la déclarer acquise à celui qui a droit aux *operæ* au moment du contrat, perdit-il ce droit dans la suite. Ce résultat sera évidemment injuste, mais il faut remarquer que l'attribution à l'usufruitier du salaire de toute une année ne l'est pas moins lorsque l'usufruitier meurt au début de l'année. Et pourtant les textes l'admettent. — On a dit, il est vrai, que l'usage des esclaves devait être de se louer *in singulos annos*, de sorte que le testateur était censé ratifier le préjudice que les règles du droit causaient à son héritier, et que d'ailleurs, pour compenser cette chance de préjudice, l'héritier avait une chance de gain au début de l'usufruit, si l'esclave avait déjà loué ses services avant le décès du testateur, ce qui rendrait tolérables les lois 25 et 18. — Mais, il faut remarquer que les mêmes raisons légitiment notre solution actuelle. D'ailleurs rien ne prouve que l'héritier n'avait pas une action pour se faire indemniser du préjudice subi.

— Remarque : Dans les trois hypothèses précitées comme dans celle de la loi 26, le bail conclu par l'esclave est opposable à l'usufruitier ; autrement, il serait inexplicable qu'il eut droit aux loyers.

111. — 3ᵉ *exemple*. L'usufruit d'une créance productive d'intérêts a été laissé à une personne. Les intérêts étant la représentation de l'usage que l'usufruitier eut pu faire de l'argent prêté, il y a lieu, par analogie des lois 9 et 26 déjà vues, de les dire acquis comme cet usage même, jour par jour. Il y aura donc un véritable partage de fruits entre le nu propriétaire et l'usufruitier, puisque l'un et l'autre gagnent proportionnellement à la durée de leur droit, ces fruits civils qui résultent d'une même créance.

Section III. — Appendice

§ 1. — *Extinction du quasi-usufruit.*

112. — Le quasi-usufruit peut porter sur des choses qui se consomment par le premier usage (L. 1, *De usuf. ear. rer.*), sur des créances (L. 3, *eod.*), peut-être des servitudes rurales (L. 1, *De usuf. leg.*)

1º *Modes d'extinction.*

113. — *A. Du quasi-usufruit des choses qui se consomment par le premier usage.* — Il faut bien s'entendre sur la nature de cette extinction. Ce n'est pas la perte du droit conféré sur certaines choses, en exé-cution, par exemple, d'un legs de quasi-usufruit. En effet, ce droit est la propriété, et le quasi-usufruitier la conserve même après l'extinction de son droit. Il y a extinction du quasi-usufruit, lorsque l'obligation de restituer, contractée par le bénéficiaire, vient à échéance. Cette échéance se place à l'arrivée de certains événements qui marquent aussi l'extinction d'un vrai droit d'usufruit.

114. — Les seuls événements, qui, d'après les lois 9 et 10 *De usuf. ear. rer.*, éteignent le quasi-usufruit, sont la mort et la *capitis deminutio*. Mais, on ne voit pas pourquoi l'arrivée d'un terme stipulé, la réalisation d'une condition ou la renonciation, c'est-à-dire la restitution anticipée, ne mettraient pas fin au droit du quasi-usufruitier. Les autres modes d'extinction de l'usufruit sont d'ailleurs inapplicables : la consolidation, car le quasi-usufruitier est, dès le début, propriétaire (1) : la *mutatio rei*, car la caractéristique de son droit est précisément la faculté de transformer et de détruire les choses livrées : l'*in jure cessio*, car le quasi-usufruitier n'est pas titulaire d'un droit réel de jouissance, mais bien débiteur et que les obligations ne s'éteignent pas par *cessio in jure* (2) : le non

---

(1) Mais si le quasi-usufruitier devient héritier du stipulant, la confusion qui se produit alors, a des effets analogues à ceux de la consolidation. Elle entraînera donc libération de l'obligation de restituer.

(2) Il est vrai que les parties pourraient par *cessio in jure* transférer la propriété des choses à restituer, et, par suite, éteindre l'obligation. Mais il est peu probable que ce mode compliqué fut employé quand il était si simple de faire tradition ou mancipation.

usage, « *quia nec usufructus est, et pecuniæ dominium fructuarii, non heredis est* » (Fr. Vat. § 46) D'une part, en effet, le quasi-usufruitier est propriétaire et, comme tel, ne peut perdre son droit par non usage sur les choses qui lui ont été livrées, d'autre part, les créances étant perpétuelles, aucun laps de temps ne peut faire disparaître son obligation (Inst. § 3, *De verb. obl.*).

115. — *B. Du quasi-usufruit des créances et des servitudes rurales.* — Nous distinguerons deux hypothèses : 1° Il s'agit du quasi-usufruit d'une créance et le quasi-usufruitier est le débiteur lui-même. En ce cas, la situation du quasi-usufruitier qui jouit de la créance (en ne payant pas les intérêts et en ne restituant pas, malgré l'arrivée du terme apposé à la créance), est très semblable à la situation du quasi-usufruitier de choses fongibles, car il est débiteur. Par suite, le mot *extinction* du quasi-usufruit désignera comme tout à l'heure l'échéance de l'obligation de restituer contractée par le quasi-usufruitier, et l'énumération déjà faite des modes d'extinction, pourra être transportée ici, sans aucun changement, (v. n° 114). 2° Il s'agit, soit du quasi-usufruit d'une créance, et le quasi-usufruitier n'est pas le débiteur, soit du quasi-usufruit d'une servitude rurale. En ce cas, la situation du quasi-usufruitier qui jouit de la créance (en en touchant les intérêts, grâce à une *procuratio in rem suam* que lui consent le créancier), ou de la servitude, est assez semblable à celle d'un usufruitier ordinaire. En effet, il use et jouit du droit d'autrui et il sera obligé de le restituer lors de l'extinction. D'où l'on est tenté de conclure, que la plupart des modes d'extinction de l'usufruit sont applicables à ce cas de quasi-usufruit. Néanmoins, nous ne croyons pas qu'il existe des textes pouvant corroborer cette hypothèse.

2° Conséquence de l'extinction.

116. — *A. Du quasi-usufruit des choses qui se consomment par le premier usage.* — Ce sont : 1° la possibilité donnée au créancier d'intenter l'action *ex stipulatu* qui nait de la *cautio* ; 2° la restitution de la somme livrée ou des choses fournies en même qualité et quantité, ou de leur estimation si la convention des parties l'autorise (L. 7, *De usuf. ear. rer.*). Bien entendu, le quasi-usufruitier, étant débiteur de choses de genre, n'est pas libéré par la perte de la chose à lui fournie. D'autre part, il n'est pas tenu d'user en bon père de famille, sauf recours contre les fidéjusseurs s'il se rend insolvable.

117. — *B. Du quasi usufruit des créances et des servitudes rurales.* — Ce sont: 1° la possibilité d'intenter l'action *ex stipulatu*, s'il y a lieu, contre le quasi-usufruitier ; 2° la restitution, qui s'accomplit de diverses manières, suivant les espèces : — S'il s'agit d'une créance dont le quasi-usufruitier est débiteur, par le paiement du capital ou la reprise du cours des intérêts suivant que le terme est échu ou non. — S'il s'agit d'une créance dont le quasi-usu-fruitier n'est pas débiteur, par la restitution du capital s'il a été touché, par la renonciation à la pro-curation *in rem suam* dans le cas contraire. — S'il s'agit d'une servitude rurale, par la cessation de l'exercice de cette servitude.

§ 2. — *Extinction de la créance d'usufruit.*

118. — Il faut distinguer la créance d'usufruit de la simple expectative d'usufruit et de ce que nous appellerons le droit à un usufruit.

119. — *1° Simple expectative d'un usufruit.* — Elle résulte d'une disposition testamentaire dont le *dies cedens* n'est pas encore arrivé (nous savons que le *dies cedens* se place, *pour les legs d'usufruit*, au jour de l'adition si le legs est pur et simple, au jour de l'arrivée du terme si le legs est à terme, et, *pour tous les legs*, au jour de l'arrivée de la condi-tion si le legs est conditionnel). Elle s'éteint par la mort du légataire et la perte de la chose léguée, mais toute autre cause d'extinction est sans influence sur elle : *mutatio rei* : non usage : consolidation, pourvu cependant qu'à l'ouverture du legs l'usufrui-tier ait cessé d'être propriétaire (L. 34, pr. *De usuf.,*) : *capitis diminutio* (L. 1, § 1, *h. t.*) : aliéna-

tion de l'esclave légataire d'usufruit. Ce dernier point
est constaté par la loi 18, *h. t.* « Soit un esclave
« héréditaire, (c'est-à-dire appartenant à une héré-
« dité vacante). Avant l'adition un legs d'usufruit
« lui est fait. On admet qu'après l'adition l'usufruit
« pourra être acquis à l'héritier. On ne pourra pas
« dire en effet que l'usufruit a été perdu par le
« changement de maître de l'esclave, (l'esclave a
« changé de maître puisque après avoir appartenu
« à l'hérédité vacante, il appartient à l'héritier
« depuis l'adition), parce que l'adition (et par suite
« le changement de maître) a eu lieu avant l'arrivée
« du *dies cedens* ».

120. — 2° *Droit à un usufruit.* — Il résulte d'une
disposition testamentaire léguant la nue propriété à
un tiers et retenant l'usufruit au profit des héritiers
du testateur. Tant que la nue propriété n'est pas
séparée de l'usufruit, par exemple pendant le délai
à l'échéance duquel la séparation doit avoir lieu,
l'héritier a *un droit à l'usufruit*, droit *sui generis*,
qui n'est ni une simple expectative d'usufruit, puisque, dès l'adition, le droit de l'héritier à l'usufruit
est aussi acquis que possible, ni une créance d'usufruit, puisque toute créance suppose un débiteur
et qu'on ne voit pas à qui l'héritier pourrait réclamer l'usufruit, puisqu'il n'a qu'à le déduire en
transférant la nue propriété.

121. — Le droit à un usufruit s'éteint-il si un des

modes d'extinction de l'usufruit vient à se produire antérieurement au transfert de la nue-propriété au légataire ou au créancier, de telle sorte que ces derniers, se fondant sur cette extinction, puissent réclamer la pleine propriété. Trois opinions sont possibles :

1° Le demandeur a eu droit acquis à la nue propriété dès le *dies cedens* ou la stipulation. Par suite, le défendeur a eu droit acquis à l'usufruit, en tant que droit séparé, dès le même moment. Un pareil droit doit pouvoir s'éteindre comme l'usufruit lui-même, car il est né et actuel, d'où la mort de l'héritier l'éteindra et le demandeur devra obtenir la pleine propriété.

2° Le demandeur a eu droit acquis à la nue propriété dès le *dies cedens* ou la stipulation. Mais le défendeur n'a pas dès ce moment un droit d'usufruit. Il est, à la vérité, débiteur de la nue propriété, mais il n'est pas encore usufruitier ; il est plein propriétaire jusqu'au moment où il se sera constitué l'usufruit par *detractio*. Par suite, le décès de l'héritier n'a aucune influence sur son droit de jouissance. Il transmet la propriété toute entière à son héritier, et ce n'est que si un mode d'extinction de l'usufruit vient à se produire en la personne de ce dernier, que l'usufruit s'éteindra. Jusque-là le demandeur ne peut réclamer que la nue propriété.

3° Il faut voir l'intention des parties, (cette argumentation est surtout frappante quand il s'agit d'un legs). En fait, on n'a du vouloir retenir l'usufruit qu'au profit soit de l'héritier, soit du promettant, et non au profit de leurs héritiers. Donc, si le premier héritier ou le promettant meurent, le demandeur pourra, à l'échéance, réclamer la pleine propriété, de telle sorte que, les héritiers du débiteur de la nue propriété ne recueilleront pas plus lorsque leur auteur aura fait la séparation de l'usufruit que lorsqu'il ne l'aura pas faite.

122. — De ces trois opinions, la première est inadmissible, la deuxième plus juridique et la troisième plus équitable. C'est à cette dernière que se rallie Paul. (L. 26, *De usuf. leg.*) après examen des deux autres. Africain est du même avis, (L. 36, § 1, *De usuf.*). Nous avons dit que cette solution s'appliquait qu'il s'agisse de legs ou de stipulation de nue propriété. Ajoutons qu'il importe peu que la nue propriété soit due purement, à terme, ou sous condition. Au premier cas, seulement, il faudra supposer le décès de l'héritier antérieur à l'exécution de son obligation, au deuxième, antérieur à l'arrivée du terme, au troisième, antérieur à l'événement de la condition.

123. — 3º *Créance d'usufruit.*

1º *Modes d'extinction*

Au contraire de l'expectative d'usufruit, la créance d'usufruit s'éteint :

1º En sa qualité de créance, par tous les modes

d'extinction des créances. (L. 58, *De verb. obl.* L. 13, § 1, *De accept.*). 2° En sa qualité de droit tendant à la constitution d'un usufruit par tous les modes d'extinction de l'usufruit. (Fr. Vat. § 46), sauf une double exception, (non usage, *cessio in jure*).

124. — On peut se demander si cette double formule ne pourrait pas être simplifiée, et si, malgré l'affirmation formelle du § 46 précité, il ne vaudrait pas mieux dire que la créance d'usufruit s'éteint comme toutes les créances, par les modes d'extinction des créances et non autrement. — En effet :

1° Ni le non usage (Fr. Vat. § 46), ni la *cessio in jure* n'éteignent la créance d'usufruit, ce qui ne peut guère s'expliquer que par cette considération que ces modes d'extinction ne sont pas applicables aux créances quelles qu'elles soient. Il doit en être de même de la résolution du droit du constituant, car rien n'empêche que l'héritier ne soit débiteur de l'usufruit d'une chose dont il n'est pas propriétaire.

2° Le terme *ad quem*, la condition *ad quam*, la confusion, la remise non solennelle peuvent être considérés tout aussi bien comme des modes d'extinction de la créance sans épithète que comme des modes d'extinction de la créance d'usufruit. Sur ce point, il convient de faire remarquer l'intérêt que présente la question que nous examinons, au moins en ce qui concerne le terme et la condition : Si, en effet, la créance d'usufruit s'éteint à l'arrivée du terme ou de la condition parce qu'un mode d'extinction des créances vient de se produire, elle s'éteindra *exceptionis ope*. Si, au contraire, elle s'éteint parce qu'un mode d'extinction de l'usufruit vint de se produire, il semble bien qu'elle doive s'éteindre *ipso jure* puisque le terme *ad quem* et la *condition ad quam* éteignent *ipso jure* l'usufruit.

3° La mort du créancier de l'usufruit, sa *capitis deminutio* et la *mutatio rei* peuvent être considérés comme éteignant la créance, non parce qu'ils sont des modes d'extinction de l'usufruit, mais par application de la règle qui veut que les créances s'éteignent par la perte de la chose due, ou, pour mieux dire, par l'impossibilité où se trouve le débiteur de fournir l'objet de l'obligation. En effet, dès que l'un des trois événements ci-dessus vient à se produire, il est impossible au débiteur de fournir exactement au créancier l'usufruit qui lui avait été promis, puisque l'un des deux termes du rapport qui devait constituer le droit réel d'usufruit se trouve avoir été changé.

125. — Quelque tentante que puisse être la simplification ci-dessus proposée, il ne paraît pas quelle soit admissible en présence de la loi 16, pr. C. *De usuf.* En effet, dans ce texte, Justinien nous apprend que la question de savoir si la créance d'usufruit pouvait se perdre par non usage avait été controversée dans l'ancien droit. Or, pour que cette controverse se comprenne, il faut bien que l'on ait admis que la créance d'usufruit pouvait se perdre par les modes d'extinction propres à l'usufruit et non pas seulement par application des principes de l'extinction des créances puisque les créances ne se perdent pas ordinairement par non usage.

126. — Quoi qu'il en soit de cette controverse, sur laquelle il est difficile de prendre parti faute de textes, il paraît certain que la créance d'usufruit ne s'éteint plus sous Justinien par non usage, c'est-à-dire par un des modes d'extinction propres à l'usufruit. En effet, nous avons fait précédemment observer en étudiant la loi 16, § 1 que, ni le droit réel d'usufruit, ni l'action personnelle tendant à obtenir un usufruit, ne s'éteignait plus par l'ancien non usage d'un à deux ans « *sancimus, non solum actionem quæ de usufructu* « *nascitur, sed nec ipsum usumfructum non utendo* « *cadere* ». Cette règle posée, Justinien s'occupe en termes passablement obscurs, sur lesquels nous n'avons pas à revenir, du droit réel d'usufruit. Mais, quant à la créance, il n'en souffle plus mot. De sorte que, en définitive, la créance d'usufruit ne s'éteint plus par l'ancien non usage parce que Justinien l'a dit, mais elle ne s'éteint pas par le nouveau parce que Justinien ne l'a pas dit. Et alors nous nous trouvons en présence d'une action ordinaire, se prescrivant par le laps de temps ordinaire de 30 ans. — Ce raisonnement a été contesté. On a dit que Justinien ayant supprimé l'ancien non usage pour la créance et pour le droit réel devait avoir rétabli ce mode d'extinction à la fois pour la créance et pour le droit réel. Mais la loi est muette, et cette solution ne s'impose pas, puisqu'il serait au contraire plus naturel de laisser la créance d'usufruit sous l'empire du droit commun.

2° *Conséquences de l'extinction.*

127. — Par suite de l'extinction, le débiteur est absolument libéré conformément au droit commun, à moins :

1° Que le débiteur ne soit en demeure : Alors en effet son obligation est censée perpétuée. En conséquence, l'héritier doit payer à l'usufruitier, à titre d'indemnité, l'estimation de l'usufruit depuis la demeure jusqu'à la perte de la chose. (L. 36, § 2, *De usuf.*).

2° Que le créancier n'ait perdu par décès une créance également stipulée au profit de ses héritiers, car alors, comme nous l'avons expliqué déjà, il y a deux usufruits (L. 38, § 12, *De verb. obl.*). — Cette solution qui est certaine ne laisse pas d'être embarrassante. Nous savons en effet que, s'il est permis de stipuler pour ses héritiers en ce sens que l'on peut rendre ses héritiers titulaires d'une créance qui naît en la personne du stipulant, de telle sorte qu'ils peuvent en réclamer l'exécution si elle n'est pas payée du vivant de leur auteur, il est interdit de stipuler pour ses héritiers

de manière que la créance naisse en eux sans avoir
jamais résidé sur la tête de leur auteur, car alors ils
ne sont pas des continuateurs de la personne, mais
de véritables tiers (Gaïus, III, § 100). Or, dans l'espèce
de la loi 38, le stipulant n'a jamais été créancier du
deuxième usufruit qui naît en la personne des héritiers, car autrement il serait mort avec lui. Comment
donc se fait-il que le *de cujus* ait valablement stipulé
ce deuxième usufruit ? Ulpien a prévu l'objection car
il a l'air de présenter sa solution comme une dérogation aux principes : « *licet diversi sint fructus* ». Mais
il n'y répond pas. Il est probable que l'on avait décidé
ainsi parce que, l'usufruit étant un droit viager, il est
absolument impossible de trouver un autre moyen
de stipuler pour ses héritiers un pareil droit.

Malgré l'extinction de la créance d'usufruit, le prix
promis en échange reste dû. En effet, la perte de la
chose ne dispense pas l'acheteur de payer son prix
(Inst. § 3, *de empt.*).

DROIT FRANÇAIS

—

DES ATTRIBUTIONS

DU PRÉSIDENT DES ASSISES

DE LA COUR D'ASSISES ET DU JURY

INTRODUCTION

1. — D'après le dictionnaire de l'Académie, *attribution* « se dit de tout droit qu'une personne « chargée de quelque fonction a de prononcer sur « certaines affaires, de les administrer, d'en con-« naître ».

Il résulte de cette définition, que le sujet par nous choisi : *Des attributions du président des assises, de la cour d'assises et du jury*, comporte l'étude de toutes les *affaires*, qui, à un titre quelconque, sont déférées à l'une quelconque des trois

autorités précitées. La détermination, au moins générale, de ces *affaires* est indispensable pour fixer
l'objet et tracer le cadre de notre travail. C'est par
elle que nous commencerons.

2. — Si, d'abord, nous nous demandons, pour
arriver à cette détermination, de quelles *affaires*
connaissent le président, la cour et le jury réunis,
considérés comme formant une seule juridiction,
il semble, la cour d'assises connaissant en règle
générale du jugement des crimes, que nous ayons
à exposer, pour nous mettre d'accord avec le titre
de notre travail, toutes les règles relatives à ce
jugement. Tel n'est pas cependant notre sujet ;
nous avons entrepris, en effet, d'étudier, non pas
les attributions de la cour d'assises, mais les attributions du président, de la cour et du jury. Il en
résulte que nous pouvons laisser de côté ce qui
est relatif seulement à la compétence de la cour
d'assises, en prenant ces mots dans le sens le plus
large, et que nous avons à nous occuper simplement, des diverses *affaires* dont connaissent le président, la cour et le jury, considérés isolément.
Ce sont ces *affaires* que nous allons déterminer.

3. — Le président, en cette qualité, remplit,
antérieuremeut au jugement, certaines fonctions
d'instruction ; il est aussi chargé, pendant la pro-

cédure de jugement proprement dite, de la direction
du procès. De ce dernier chef, plusieurs attributions
lui incombent. Sans parler, en effet, des actes ou
incidents dont des textes particuliers lui attribuent
la connaissance, il intervient dans la constitution de
la juridiction criminelle, et il est chargé, à peu près
seul, du développement de la procédure : Chacune
de ces attributions générales engendre une infinité
d'attributions particulières, que nous ne pouvons
énumérer ici. La loi met le président à même de
s'acquitter de ses diverses attributions, en lui conférant, en certains cas, des pouvoirs sur lesquels
nous aurons à nous expliquer.

4. — La cour, c'est-à-dire le président réuni à
ses assesseurs, n'a pas d'attributions avant le jugement. Pendant la procédure de jugement, elle
exerce ce que l'on peut appeler le pouvoir de juridiction. Ce pouvoir lui donne compétence pour
connaître seule des mesures importantes que des
textes spéciaux lui confèrent le droit d'ordonner, et
de toutes les questions ayant un caractère contentieux, sans aucune exception.

5. — Le jury n'a pas d'attributions tant que le
procès n'est pas commencé. Pendant la procédure de
jugement, son rôle ne commence que lorsque les

débats sont épuisés, et, alors, il statue sur la culpabilité ou la non culpabilité.

6. — Telles sont les *affaires* dont connaissent le président, la cour et le jury pris isolément, telles sont les attributions que nous avons à étudier. L'objet de notre travail étant ainsi déterminé, il est facile d'en tracer le cadre. Il résulte, en effet, de la rapide revue des attributions du président, de la cour et du jury, que nous venons de faire, que ces attributions s'exercent à l'occasion des diverses phases de la procédure devant la cour d'assises : la procédure antérieure au jugement, la procédure relative à la constitution de la juridiction criminelle, la procédure en audience publique. Il est donc naturel de scinder notre travail en partie correspondant à chacune de ces phases. Partant de là, nous diviserons notre matière en deux parties. La première partie, intitulée : *La procédure préliminaire*, aura pour objet la préparation de la procédure de jugement ; la deuxième partie aura pour objet, l'ensemble des opérations au moyen desquelles se forme la décision judiciaire. Elle se subdivisera en deux titres, l'un relatif aux règles de la procédure antérieure à l'audience publique, grâce auxquelles se fait la *constitution définitive de la juridiction criminelle* ; l'autre, relatif aux règles

de l'*audience* publique, qui aboutit au *jugement* proprement dit.

7. — Avant de passer à l'étude détaillée des attributions du président, de la cour et jury, nous voulons dire un mot d'une théorie qui ne rentre pas absolument dans notre matière, mais dont nous rencontrerons des applications très fréquentes. Nous voulons parler de la théorie des nullités de procédure.

Dans l'exercice de leurs attributions, le président, la cour et le jury sont astreints par la loi à observer une multitude de formalités. Qu'arrive-t-il, lorsque l'une d'elles a été omise? (1) Dans les premiers temps du Code, on avait pensé que l'annulation de la procédure ne pouvait être prononcée qu'en vertu d'un texte formel. Si, en effet, on s'attache au texte de l'article 408, I. Cr., il semble que la violation ou l'omission des formalités prescrites par la loi ne donnent lieu à l'annulation de la procédure que si ces formalités étaient prescrites à peine de nullité. Toutes autres violations ou omissions resteraient non sanctionnées (sauf en certains cas par des amendes), à moins qu'il n'ait été omis ou refusé de prononcer sur une demande de l'accusé ou du minis-

____

(1) Si la juridiction n'est pas encore dessaisie, l'acte omis peut être fait ou régularisé à condition qu'on soit dans les délais légaux.

tère public, tendant à user d'une faculté ou d'un droit accordé par la loi.

Cette interprétation restrictive de l'article 408 n'est plus, aujourd'hui, généralement admise. Il résulte en effet des travaux préparatoires que le législateur, en écrivant la théorie des nullités actuelles, a voulu maintenir à peu près la théorie du Code de Brumaire an IV, faire respecter comme lui les formes importantes de la procédure, et ne le modifier que pour supprimer les nullités fondées sur l'omission de formes peu importantes, que ce Code avait prodiguées. Or, si l'on applique textuellement l'article 408 qui nous dit, comme l'article 456 du Code de Brumaire, que la violation des formes *prescrites à peine de nullité* entraînera *seule* l'annulation de la procédure, on en arrive à ne plus sanctionner l'omission d'un certain nombre de formalités fort importantes, parce que la nullité textuelle qu'édictait le Code de Brumaire, pour le cas où on les omettrait, n'existe plus sous le Code actuel. Ce résultat est évidemment contraire à l'intention du législateur ; il faut donc admettre que la formule de l'article 408 a trahi sa pensée, que, malgré ce texte, l'omission de toutes les formalités importantes doit être sanctionnée comme autrefois, et que la suppression de la nullité textuelle ne doit avoir d'autre effet que de conférer à la cour suprême, un certain pouvoir d'appréciation. Partant de cette idée, la jurisprudence a été amenée à distinguer entre les formes *substantielles*, qui comprennent les règles relatives à la composition de la juridiction, nécessaires à l'instruction, aux droits d'accusation et de défense, et les formes *secondaires*. Elle a attaché, dans tous les cas, comme sanction à la violation des formes substantielles, la nullité de la procédure ; elle a seulement déclaré l'utilité des autres, sans attacher de nullité à leur omission, à moins qu'elle ne fut prononcée par la loi. Cette distinction peut se recommander des articles 296, 297, 322, I. Cr., car ils supposent une nullité qui n'est pas écrite dans la loi. Elle est rationnelle, mais son application a rencontré de graves difficultés. Il est en effet peu commode de distinguer des autres les formes substantielles.

PREMIÈRE PARTIE

LA PROCÉDURE PRÉLIMINAIRE

8. — Entre l'arrêt de renvoi et la réunion de la cour d'assises, s'écoule une période au cours de laquelle se font ou peuvent se faire certains actes de procédure intermédiaire dont il convient de parler au début de notre matière. Ces actes ont un caractère commun ; ils sont destinés à mettre l'affaire en état d'être jugée. Mais, les uns tiennent à l'*exercice de l'action publique*, les autres *à l'instruction de l'affaire*. Nous passerons sous silence les premiers qui sont exclusivement confiés au procureur général, nous donnerons au contraire, quelques détails sur les seconds, qui sont de la compétence du président.

9. — Le premier acte auquel procéde le président, est l'accomplissement d'une formalité complexe, que prescrivaient déjà la loi des 16-29 septembre 1791 et le Code du 3 brumaire an IV, et qu'ordonnent

aujourd'hui les articles 266, 293, 294, 296 (1). Elle
consiste :

1° En un *interrogatoire de l'accusé* (2), qui, dans le
silence de la loi, peut être fait en telle forme qu'il
plait au président ;

2° En un *avertissement* donné à l'accusé qu'il a,
pour se pourvoir en cassation contre l'arrêt de renvoi, un délai de cinq jours (3). Ce délai n'est pas
franc ; il court à compter du lendemain de l'avertissement (4) ;

3° En une *interpellation* à l'accusé, pour savoir s'il
a fait choix d'un conseil ; s'il ne l'a choisi, le président doit en désigner un sur le champ. Aux termes
de l'article 295, ce conseil ne peut être choisi par
l'accusé ou désigné par le président que parmi les
avocats ou avoués du ressort de la cour d'appel.
Néanmoins, sur la demande de l'accusé, toute autre
personne peut être autorisée par le président, à l'assister. — Le conseil n'est pas du au *prévenu* ; Il peut
être chargé de la défense de plusieurs coaccusés,
s'ils n'ont pas d'intérêts contraires ; il doit être

(1) Les articles cités sans indication appartiennent au Code d'inst.
crim.

(2) Par *accusé* il faut entendre même le *prévenu* de délit connexe à un
crime, mais non le *prévenu* de délit non connexe exceptionnellement
soumis à la cour d'assises.

(3) Un projet de loi de M. X. Blanc porte ce délai à dix jours, (*J.
off.* 19 juillet 1879).

(4) Lorsque l'arrêt de renvoi n'est signifié qu'après l'avertissement,
le délai ne court que du lendemain de la signification. (Cass., 15 déc.
1881. D. 82, 1, 325).

nommé même au cas de refus de l'accusé, et remplacé s'il ne peut ou ne veut le défendre. (voir, F. Hélie : *Traité de l'instruction criminelle*, n°ˢ 3323 et s.)

10. — La triple formalité précitée est utile à la fois comme *protection pour la défense* et comme *mesure d'instruction*. Sans parler en effet de l'avertissement relatif au pourvoi et de la nomination du conseil qui sont évidemment des mesures protectrices de la défense, d'une part, elle met l'accusé à même de faire toutes les observations et réclamations qu'il croit utiles, et que le juge d'instruction, prévenu contre lui, a peut-être refusé d'examiner, d'autre part, elle donne au président des renseignements destinés à l'aider dans la direction des débats, et à lui faire connaître s'il est nécessaire de procéder à une *instruction supplémentaire*. Il résulte logiquement de cette double utilité : 1° que le président doit être chargé de procéder à l'exécution de la formalité qui nous occupe ; 2° que son inexécution doit entraîner une sanction sévère.

11. — La première conséquence que nous venons d'énoncer est admise, ainsi que nous l'avons déjà dit, par l'article 293 qui attribue compétence au président de la session où l'affaire doit être jugée. Mais l'article 293 lui-même qui permet au président de déléguer un juge, le décret du 6 juillet 1810 art. 91 (1) qui

____

(1) La légalité de ce décret est contestée. Voir M. Alb. Desjardins *Rev. crit.* 1884, p. 73 et s.

décide que si vingt-quatre heures après l'arrivée de
l'accusé dans la maison de justice le président n'est
pas arrivé et n'a délégué personne il sera remplacé
par le président du tribunal de première instance ou
par le juge que ce magistrat aura délégué, et les règles
ordinaires sur le remplacement des magistrats empêchés, ont permis à la jurisprudence d'organiser tout
un système de suppléances et de délégations, exceptionnel en droit, normal en pratique, qui faussent
absolument le mécanisme de la loi. Cette jurisprudence est encore aggravée par la faculté que la cour
de cassation reconnaît au président ou à ses suppléants
de déléguer même des magistrats qui ne peuvent
faire partie de la cour d'assises (17 juin 1853, Bul.
323) (1), et par une présomption aux termes de
laquelle les pouvoirs de tout magistrat qui remplace
le président sont censés réguliers sans qu'il soit
nécessaire d'en faire mention (16 mars 1837, J. P.
1840, t. 2, p. 110). Le résultat de cette jurisprudence est d'enlever à l'interrogatoire son caractère
de mesure d'instruction et de protection pour la
défense. L'entrevue du magistrat et de l'accusé n'est
plus utile qu'au point de vue de l'avertissement relatif au droit de pourvoi, et à la désignation du conseil.

12. — La deuxième conséquence de l'utilité des
formalités prescrites par les articles 293, 294, 296,
est la nécessité d'une sanction en cas d'inexécution,

(1) Les arrêts cités sans indication d'origine sont des arrêts de cassation.

ou, ce qui est la même chose, à défaut de constatation de l'exécution de ces formalités en un procès-verbal régulier (1). Cette sanction a été en effet admise, soit par la jurisprudence, soit par la loi.

1° En cas d'omission de l'interrogatoire, les textes sont muets. Toutefois, la cour de cassation décide que cette omission entraîne nullité : En effet, l'utilité de cette procédure en fait une *formalité substantielle* (6 juin 1878. D. 79, 1, 239). Il n'est pas nécessaire de faire remarquer que cette théorie, qui est fort juste, s'accorde peu avec le système en vertu duquel tout magistrat du siège peut procéder à l'interrogatoire de l'accusé.

2° En cas d'omission de l'avertissement relatif au droit de pourvoi, la sanction est, non la nullité de la procédure postérieure, mais le droit de se pourvoir encore après l'arrêt définitif contre l'arrêt de renvoi dont la nullité n'est pas couverte par le silence de l'accusé, qui, par suite, s'il renferme quelque vice, sera cassé, et fera tomber dans sa chute jusqu'à l'arrêt définitif (art. 297) (1). Cette solution suppose d'ailleurs que l'accusé a été soumis aux débats postérieure-

______

(1) Il doit être signé du président et du greffier à peine de nullité (3⁰ mai 1872. D. 72, 1, 333).

(2) Le président peut se dispenser de l'interrogatoire et de l'avertissement quand il y a déjà été procédé à une session antérieure, et que l'affaire arrive devant lui à suite d'un événement anormal tel que cassation ou renvoi, à la condition que l'arrêt de renvoi n'ait pas été atteint par cet événement (6 oct. 1852, Bul 881). Mais la nomination d'un conseil est toujours nécessaire.

ment à l'expiration du délai de pourvoi. S'il avait été jugé plus tôt, en effet, sans son consentement exprès, la procédure de jugement serait nulle, non à raison du défaut d'avertissement, mais à cause de l'abréviation d'un délai *substantiel*, car il est le seul où l'accusé puisse librement préparer sa défense (15 déc. 1881, D, 82, 1, 325) (1).

3°. A défaut de désignation d'un conseil à l'accusé qui n'en a pas déjà choisi un, la sanction est la nullité *de tout ce qui suivra* (art. 294). Cette nullité est d'ailleurs couverte si un défenseur est choisi 5 jours au moins avant le jugement (14 fév. 1850. Bul., 56).

13. — L'entrevue du président et de l'accusé, en exécution des articles 293 et suivants, a pour effet de transformer le caractère de la procédure. De secrète elle devient contradictoire, et cette transformation se manifeste par le droit que la loi confère à l'accusé de communiquer librement avec son conseil et de prendre connaissance des pièces du dossier (art. 302).

1° L'accusé a le droit de communiquer avec son conseil. Sur ce point, les attributions du président sont purement négatives : il suffit qu'il ne gêne pas la communication. S'il la gêne, la procédure postérieure peut être annulée pour entrave aux droits de

---

(1) Cette règle ne s'applique pas aux délits exceptionnellement soumis à la cour d'assises (21 fév. 1884. D. 84, 1, 479).

la défense (12 nov. 1842. Bul. 306). Cette règle, aujourd'hui incontestée, avait été d'abord méconnue par la jurisprudence qui autorisait le président, soit à prolonger la mise au secret, soit à imposer la présence d'un tiers à l'accusé pendant ses entrevues avec son avocat. — La communication peut être retardée si le président juge bon d'ordonner une instruction supplémentaire.

2° L'accusé a le droit de prendre connaissance des pièces du dossier. Cette connaissance s'obtient de deux manières : *A*. Par une communication prise au greffe, sans déplacement, par le défenseur et dont le président n'a pas à s'occuper. *B*. Par une délivrance gratuite faite a l'accusé des procès-verbaux constatant le délit et des déclarations des témoins, délivrance que le président est tenu de surveiller (art. 305). D'ailleurs, le défaut de délivrance de ces pièces n'entraîne pas nullité, mais, si l'accusé les réclame à l'audience, un renvoi de l'affaire est indispensable, et tout refus de surseoir ou de statuer entraîne cassation par application de l'article 408.

14. — L'interrogatoire dont nous venons de nous occuper peut, ainsi que nous l'avons déjà dit, révéler au président la nécessité de procéder à une *instruction supplémentaire*. Cette instruction que le droit intermédiaire prévoyait déjà, qu'autorisent aujourd'hui les articles 301, 303 et 304, a pour but d'éviter les incidents d'audience et de donner à l'accusé une nouvelle garantie, en permettant la vérification, la rectification et, s'il y échet, l'achèvement de l'instruction préparatoire. Cette double utilité nous explique les dispositions très favorables de la loi qui s'efforce de la faciliter, soit par l'interrogatoire de l'article 293, soit par les avis que le procureur général est tenu de donner à certains maires (art. 245), et n'admet pas de forclusion contre les réclamations même tardives de l'accusé, pourvu qu'elles se produisent antérieurement aux débats (art. 301).

15. — L'instruction supplémentaire est ordonnée par le président de la session qui jugera l'affaire, et c'est à lui qu'incombe, en principe, le soin d'y procéder (arg. art. 303)(1). Mais, par suite d'un système de suppléances et de délégations analogue à celui dont nous avons parlé à propos de l'interrogatoire, il arrive souvent que plusieurs autres magistrats, notamment des juges d'instruction (2) ou de paix et même des officiers de police judiciaire de rang infime, se trouvent chargés de cette instruction en tout ou en partie (Voir : Nouguier, *La cour d'assises*, nᵒˢ 815, 819 à 827). Ces divers magistrats peuvent agir sans intervention préalable de la cour d'assises, à compter

---

(1) La jurisprudence accorde au *procureur général* le droit de prendre des renseignements accessoires, pourvu que les droits de la défense n'en soient pas lésés et que les démarches de ce magistrat ne dégénèrent pas en instruction supplémentaire. Ces deux conditions sont prescrites à peine de nullité (12 fév. 1880. D. 80, 1, 191 — 22 déc. 1881. D. 82, 1, 192).

(2) Le juge d'instruction délégué peut nommer un subdélégué (arg. art. 83, 84).

de leur nomination. Remarquons que cette règle s'applique même au président qui peut, en conséquence, faire l'instruction supplémentaire avant l'ouverture du trimestre pour lequel il est nommé. Son pouvoir persiste, même après le renvoi de l'affaire et la fin de la session, jusqu'à l'expiration de ce trimestre.

16. — Quelque soit le magistrat instructeur, et nous supposerons maintenant que c'est toujours le président, l'article 301 le charge de *continuer l'instruction*. De ces mots, et de la considération que l'accusé n'est poursuivi qu'à raison des faits visés par l'arrêt de renvoi, on déduit : 1° que le président ne peut ni recommencer l'instruction, ni relever des circonstances étrangères à l'accusation ; 2° que le président peut employer tous les moyens d'instruction autorisés dans l'instruction préparatoire (1) : l'un d'eux est l'audition de témoins. Le texte de l'article 303 fait naître, à ce sujet, une question qui eut son heure de célébrité grâce à deux arrêts contradictoires et très rapprochés de la cour de cassation. Nous allons en dire quelques mots.

17. — L'article 303 a pour but de permettre au président d'envoyer une commission rogatoire à un juge d'instruction « s'il y a de *nouveaux* témoins à

(1) Néanmoins : 1° Le président ou son délégué, fut-il juge d'instruction, ne peuvent user du droit de contrainte par corps de l'art. 80 vis-à-vis des témoins récalcitrans. 2° Ils ne peuvent non plus, dans le même cas, prononcer d'amende. Cette dernière attribution est réservée à la cour qui statue sur le vu de l'ancienne citation, le ministère public entendu, sans formalité ni délai. (art. 304).

entendre et qu'ils résident hors du lieu où se tient la cour d'assises ». De ce mot *nouveaux* est née la question de savoir si des *anciens* témoins, c'est-à-dire des témoins ayant déjà figuré dans l'instruction, peuvent être entendus soit par le juge d'instruction délégué, soit par le président lui-même.

Le 12 mars 1836, la cour de cassation décida que les témoins *anciens* ne pouvaient être entendus dans l'instruction supplémentaire. Elle fondait sa décision sur la lettre de l'article 303, qui n'autorise que l'audition de témoins nouveaux, et « *dont les énonciations sont restrictives* » (V. S. 1836, 1, 571). Cette jurisprudence était fâcheuse, car elle enlevait parfois au président tout moyen de rechercher la vérité malgré le désir évident de la loi d'en faciliter la découverte, et l'on arrivait à ce résultat par un argument *a contrario*, tandis que le texte comportait aussi bien un argument *a fortiori*. Aussi, la cour suprême, devant les protestations soulevées par l'arrêt précité, s'empressa-t-elle, un mois plus tard (22 avril 1836, Bul. 135), de se rétracter sur un réquisitoire de son procureur général, qui, par une distinction fort subtile, essaya de lui épargner l'apparence d'une contradiction. M. Dupin prétendit en effet, qu'en principe les témoins *nouveaux* devaient seuls figurer à l'instruction supplémentaire. Mais il ajoutait qu'un témoin *ancien* est *nouveau* dès qu'il vient dire une chose nouvelle. C'était ruiner le principe. La cour suprême repoussa d'ailleurs ce détour et déclara catégoriquement « que, si l'article 303 parle de *nouveaux* témoins, *il n'est pas conçu en termes prohibitifs* à l'égard des témoins déjà entendus » (1). En présence de cette déclaration formelle, il nous paraît inutile de rechercher si, ainsi qu'on l'a soutenu avec beaucoup de force (F. Hélie, n° 3362), la cour de cassation a, en fait, adopté la distinction de Dupin. La cour a d'ailleurs condamné ses défenseurs, en maintenant, dans tous les cas, la jurisprudence du dernier arrêt que nous avons rapporté (voir Nouguier, n° 834. Cubain : *Traité de la procédure devant les cours d'assises*, n° 79).

18. — L'instruction supplémentaire close, le président ordonne la jonction au dossier général des pièces obtenues. Ces pièces sont communiquées à l'accusé conformément aux articles 302 et 305).

19. — En dehors de l'instruction supplémentaire dont nous venons de parler, le président peut effectuer la *jonction* ou la *disjonction* de procédures (2), par une ordonnance rendue d'office ou sur la demande des parties. Ces demandes n'ont pas le même caractère : celle de l'accusé est une simple prière, à laquelle, la loi étant muette, aucune réponse

(1) Il est néanmoins encore intéressant de distinguer entre les témoins anciens et nouveaux, ces derniers seuls devant être forcément entendus sous serment dans l'instruction supplémentaire.

(2) La loi du 18 germinal an IV conférait cette attribution au tribunal criminel. La cour d'assises n'étant pas permanente, cette règle a dû être modifiée.

n'est due : celle du possesseur général est, au contraire, une réquisition sur laquelle il doit être statué (art. 307, 308). Dans tous les cas, d'ailleurs, l'attribution du président est *facultative*, ce qui veut dire seulement que la jonction et la disjonction peuvent toujours être *refusées* (art. 307, 308). Elles ne peuvent être accordées au contraire, que dans les cas indiqués par la loi que nous allons faire connaître.

20. — La loi n'a formellement prévu qu'une seule cause de jonction et qu'une seule cause de disjonction ; c'est : Lorsqu'il a été formé à raison du même délit plusieurs actes d'accusation contre différents accusés ; dans l'espèce il y a lieu de joindre (art. 307) : Lorsque l'acte d'accusation contiendra plusieurs délits non connexes reprochés à divers accusés ; dans l'espèce il y a lieu de disjoindre (art. 308). On s'est demandé s'il était possible d'admettre la jonction et la disjonction dans certains autres cas, et l'affirmative est admise universellement. Il faut remarquer, en effet, que les articles 307 et 308 statuent, le premier dans une hypothèse où les délits sont *connexes*, le second dans un cas de *non connexité*. Partant de là, et par identité de motif, on en est venu à conclure qu'il fallait appliquer l'article 307 toutes les fois que des accusations connexes seraient inscrites à la fois au rôle des assises, l'article 308 lorsque des délits non connexes auraient été confondus indûment. Ce raisonnement est pleinement confirmé par cette considération qu'en agissant ainsi on ne fait qu'obéir aux dispositions de l'article 226 que la chambre d'accusation eut de suivre (1).

En dehors de l'hypothèse de délits connexes, le droit de *jonction* est encore certain lorsque plusieurs accusations distinctes sont portées contre le même individu. En effet, l'article 365 prescrivant l'application d'une peine unique, la plus grave, à tous ces délits, il en résulte qu'on doit les déduire tous en une même instance et par suite les joindre. — Ici s'arrêtent les indications de la loi ; quelques auteurs cependant poussent plus loin, et reconnaissent au président un droit a peu près absolu, tant en matière de jonction qu'en matière de disjonction, de telle sorte qu'il pourrait, par exemple, disjoindre des délits connexes ou joindre des délits non connexes même en dehors de l'espèce prévue par l'article 365. Cette opinion s'appuie sur le texte des articles 307 et 308 qui ne contiennent pas de nullité. Elle reconnait, il est vrai, un droit de réclamation devant la cour d'assises à l'accusé qui juge préjudiciables les mesures prises par le président, mais, faute de conclusions formelles, aucune nullité ne peut être invoquée, de ce chef, devant la cour de

(1) Il n'entre pas dans notre matière de rechercher quels délits sont connexes ou non. Nous dirons seulement que, bien que l'article 227 énumère trois cas de connexité, il est généralement admis que des faits peuvent être connexes sans rentrer dans ses termes, la connexité étant un état de fait constaté par la loi non un état de droit créé par elle.

cassation, car il y a approbation présumée (voir : de Lacuisine, *Traité du pouv. judiciaire*, p. 183. — Nouguier, n°ˢ 888,889).

Nous ne pensons pas que la loi ait admis cette théorie. De ce que les articles 307 et 308 ne doivent pas être interprétés limitativement, il ne résulte pas que ces textes confèrent au président un pouvoir à peu près arbitraire. Fut-on même tenté de l'admettre, cette solution serait, croyons-nous, contredite par les articles 226 et 227. Le premier de ces articles ordonne à la chambre d'accusation de joindre les délits connexes, le deuxième indique des cas de connexité. Or, ou ces articles sont inutiles, ou la chambre d'accusation ne peut *joindre* des délits non connexes ; si elle n'a pas ce droit, le président ne peut l'avoir non plus. — En sens inverse, des délits connexes ne peuvent être *disjoints*. En effet, il serait étrange d'imposer la jonction à la chambre d'accusation, pour permettre ensuite au président de détruire son œuvre sur ce point. — La jurisprudence ne prohibe la jonction ou la disjonction en dehors des cas par nous énumérés, que si l'accusé s'est plaint lors de l'ouverture des débats (voir Sir. 1853, 1, 658 note) (1).

21. — Le président n'est pas exclusivement

-----

(1) Remarquons cependant que des circonstances accidentelles peuvent imposer une dérogation aux règles légales. Voir par exemple, 14 mars 1873. D. 74, 1, 502.

compétent pour statuer sur les jonctions et les disjonctions. Si, en effet, l'article 307 lui confère un pouvoir d'une durée illimitée, qui par suite peut s'exercer jusqu'à la fin du procès, il ne lui attribue pas en même temps une compétence exclusive de toute autre. De là résulte : 1° que la cour peut statuer sur les jonctions et les disjonctions *concurremment* avec le président, lorsqu'elle est réunie et saisie (1) ; 2° que l'accusé peut frapper d'une sorte de recours devant la cour d'assises les décisions du président. Il est en effet de principe, que l'accusé peut prendre toutes les conclusions utiles à sa défense, et que la cour doit y statuer par arrêt.

22. — Lorsque le président a rempli les diverses formalités que nous venons de parcourir, ou tout au moins celles dont la loi rend l'accomplissement obligatoire, si, de son côté, le procureur général a pris toutes les mesures (2) qui doivent nécessairement précéder le jugement de l'accusé, l'affaire est dite *en état* et doit être mise au rôle (3). Néanmoins,

---

(1) Après l'ouverture des débats, il n'est plus possible de joindre ou de disjoindre des accusations où figurent des accusés différents. On ne peut en effet imposer à un accusé un jury formé sur les récusations de l'autre, ni maintenir pour un seul accusé un jury formé sur les récusations de plusieurs.

(2) L'une d'elles est le transfert de l'accusé en la maison de justice. Quand ce transfert a eu lieu après l'ouverture des assises, l'accusé ne peut être jugé, à moins que le président ne l'ordonne sur les réquisitions du procureur général, après consentement de l'accusé (art. 261).

(3) Cependant il doit être sursis au jugement s'il y a : 1° un conflit positif de juridiction suivi d'un arrêt de soit-communiqué (art. 531) ; 2° une demande en renvoi pour cause de sûreté publique ou de suspi-

l'article 306, reproduisant en partie l'article 334 du Code de Brumaire, apporte à cette règle une grave dérogation. Il permet en effet au président, encore que l'affaire soit *en état,* d'en prononcer le *renvoi à une autre session* (1).

23. — Le renvoi peut être ordonné, soit d'office, soit sur la réquisition des parties. Les causes n'en étant pas indiquées par l'article 306 sont innombrables et laissées à l'appréciation souveraine du président.

24. — Le droit de renvoi du président dure jusqu'à ce que la cour d'assises soit réunie ; à ce moment, il cesse absolument. En effet, les articles 331, 354, 406, conférant à la cour d'assises le droit de statuer, au cours de l'audieuce, sur des demandes en renvoi, on en a déduit que le droit du président était absorbé par le droit de la cour. La seule difficulté qui se présente sur ce point, est celle de savoir à quel moment précis cesse l'attribution du président, à quel moment précis commence l'attribution de la cour. Un ancien arrêt a dit : *à la déposition du premier témoin,* en argumentant de l'article 354. Mais, de ce qu'en l'article 354 la loi permet formellement à la cour d'ordonner le renvoi à ce moment,

cion légitime (art. 551) ; 3° un pourvoi non encore jugé contre l'arrêt de renvoi. En ce dernier cas, si le pourvoi a été formé tardivement, la loi du 10 juin 1853 ordonne qu'il sera procédé au jugement. Le pourvoi n'est jugé qu'après l'arrêt définitif (art. 301).

(1) Ou à un autre jour de la session.

il ne suit pas qu'elle ne puisse l'ordonner avant. Aussi, parait-il préférable d'admettre que le président perd son droit et que la cour se saisit du sien dès le tirage du jury de jugement. A ce moment, en effet, et à ce moment là seulement, la cour d'assises est absolument constituée. Il paraît par suite naturel qu'elle reprenne l'exercice d'un droit qui appartient à toute juridiction, et dont le président n'était investi que parce qu'avant le tirage la cour d'assises n'existait pas encore.

25. — Le renvoi peut être demandé par les parties et ordonné par le président ou la cour, suivant l'époque, jusqu'à l'ouverture des débats : En effet, l'article 306 ouvre un droit de réquisition dont il ne limite pas la durée, qui peut par suite s'exercer jusqu'à l'ouverture des débats, mais qui se heurte à ce moment à la règle d'après laquelle les débats commencés ne doivent pas être interrompus (art. 353). A partir de l'ouverture des débats il peut encore y avoir lieu à renvoi, mais ce n'est plus en exécution de l'article 306, c'est en exécution des articles 331, 354, et 406.

26. — On s'est demandé si les parties pouvaient faire statuer la cour sur une question de renvoi déjà tranchée par le président. Il est évident que non si le président a prononcé le renvoi, puisque la cour n'est plus saisie. Si le renvoi n'a pas été prononcé, nous croyons, au contraire, que la cour peut statuer. En effet, tout le monde admet que le président, après avoir refusé le renvoi, pourrait revenir sur son refus : On ne voit pas pourquoi, la cour qui, ainsi que nous l'avons dit, *remplace* le président depuis le tirage du jury, ne pourrait pas en faire autant jusqu'à l'ouverture des débats. La jurisprudence a refusé d'admettre cette solution, parce qu'elle a considéré, à tort selon nous, la demande formée devant la cour comme un appel de la décision du président (Voir : Nouguier, n° 937 et s.).

DEUXIÈME PARTIE

TITRE PREMIER

CONSTITUTION DE LA JURIDICTION CRIMINELLE

27. — Au jour fixé par le premier président, magistrats et jurés se trouvent au siège de la cour d'assises. On achève alors la constitution de la juridiction criminelle, c'est-à-dire de la cour et du jury. Cette opération, commencée par diverses autorités dont nous n'avons pas à étudier les attributions, est confiée au président et à la cour.

Attribution du président

28. — Pendant cette phase de la procédure, le président n'a qu'une seule attribution. Il procède au *remplacement des assesseurs* qu'un motif quelconque empêche de tenir l'audience, lorsque l'empêchement se produit depuis l'ouverture de la session, et que la cour d'assises siège ailleurs qu'au chef-lieu de la cour d'appel (art. 253 modif., par la loi du 21 mars 1855). (1)

Le remplacement doit avoir lieu au commencement du procès. Si, au cours des débats, un magistrat se trouve empêché, il est indispensable soit de renvoyer l'affaire, soit d'annuler la procédure et de recommencer (2).

Le président peut appeler en remplacement qui il veut des membres du tribunal. Néanmoins, les juges suppléants ne peuvent siéger qu'à défaut de juges titulaires. De même, les avocats ne sont désignés qu'à défaut de juges suppléants.

Attributions de la cour.

29. — En ce qui concerne sa propre constitution, la cour d'assises a à connaître des *récusations* et des *adjonctions d'assesseurs*. Nous n'étudierons, pour le moment, que les récusations.

30. — Les membres de la cour peuvent être récusés pour les causes (3) et selon les formes indiquées au Code de procédure civile, dont les articles sont, sans difficultés, étendus à notre matière. Il faut donc un

(1) En tout autre cas le remplacement est fait par le ministre de la justice ou le premier président. Le remplaçant est quelquefois désigné par la loi.

(2) Nous verrons que cet inconvénient peut être évité par une adjonction d'assesseurs suppléants.

(3) Il y a cette différence entre les causes d'incompatibilité et celles de récusation, que les premières sont, pour le juge, une cause d'abstention radicale, tandis que les secondes ne l'empêchent pas de siéger tant que la récusation n'est pas demandée.

acte au greffe, et c'est la cour elle-même qui statuera, après avoir remplacé le juge récusé. Si la demande est repoussée, le juge récusé peut siéger encore qu'un pourvoi soit formé contre l'arrêt qui le maintient. Si la demande est admise, le juge récusé doit se retirer, mais seulement pour l'affaire dans laquelle il était suspect.

31. — En ce qui concerne la constitution du jury, la cour est chargée de deux opérations complexes : la *formation définitive de la liste de session*, la *formation du tableau du jury de jugement*.

32. — La cour procède à la formation définitive de la liste de session, au début de la session, en audience publique. Cette formation s'opère au moyen d'une *révision* de la liste trimestrielle, qui permet de constater les divers événements qui forcent ou autorisent à rayer quelques uns des jurés inscrits. Il en résulte des *retranchements*, qui obligent quelquefois la cour à faire des *remplacements*.

33. — Pour procéder à la révision, le président fait faire l'*appel des jurés* par le greffier. Celui-ci tient note des absents, et le président constate habituellement l'identité des autres ; après quoi chaque juré peut présenter ses observations en telle forme qu'il lui plaît, et le ministère public prend ses réquisitions. La cour statue ensuite sur les *absences, excuses, incapacités, incompatibilités* et *dispenses*.

34. — En cas d'absence, qu'elle soit excusable ou non, le retranchement du juré de la liste de session est forcé. En effet, il importe de ne pas entraver le cours de la justice. De plus, si elle est sans excuse, la cour s'assure que le juré a été touché par une citation régulière, et le condamne aux peines de l'article 396, ou de l'article 20 de la loi des 21-24 novembre 1872 (1). Cette condamnation, qui frappe également les jurés qui s'absentent au cours de la session, est rendue par défaut. L'opposition est donc possible ; elle se fait sans aucune forme spéciale, par exemple par la comparution personnelle du demandeur devant la cour qui l'a condamné, ou devant la cour de la session suivante. — S'il apparaît quelque cause d'excuse, d'incapacité, d'incompatibilité ou de dispense, la cour statue, et, lorsqu'elle en admet l'existence, opère par le même arrêt le retranchement du juré (2). Cet arrêt peut, d'après la jurisprudence, être rendu sans publicité et hors de la présence des accusés, par la raison qu'il a pour but d'assurer le service de la session en général, non le jugement d'une affaire déterminée (d'où il suit qu'il constitue une mesure d'ordre plutôt administratif que judiciaire, non critiquable par les parties), et que,

(1) En cas de doute, la cour peut faire une enquête et surseoir à statuer.

(2) La jurisprudence valide les radiations faites par le président seul, lorsqu'il est manifeste et non contesté que le juré ne peut siéger, par exemple en cas d'absence.

d'ailleurs, il n'y a pas de nullité dans la loi (7 juillet, 11 sept. 1847. Bul. 153, 390). Nous ne croyons pas que cette raison soit suffisante pour permettre de déroger au principe de la publicité. Quant à la présence de tous les accusés lors de la révision de la liste, il est difficile de l'exiger, mais il n'en résulte pas que les décisions de la cour soient soustraites à la critique des parties. Sans doute, elles ne pourraient se pourvoir, selon la règle générale, contre les retranchements fondés sur l'appréciation d'un fait, mais on ne voit pas pourquoi elles ne pourraient attaquer un arrêt renfermant une fausse interprétation de la loi (contra, 11 mai 1877. D. 78, 5, 173) (1).

Des révisions et retranchements particuliers peuvent avoir lieu, s'il y échet, avant chaque affaire. En ce cas, personne ne conteste à l'accusé le droit de critiquer les éliminations faites.

35. — Lorsque la liste trimestrielle (primitivement composée de 36 jurés titulaires) ne contient plus trente noms par suite des radiations dont nous venons de parler, mais alors seulement, il devient nécessaire de procéder à des remplacements (2), jusqu'à ce que

---

(1) La radiation du juré peut être fondée sur une cause *permanente* ou *temporaire*. Au premier cas, le juré est retranché de la liste annuelle, ce qui n'empêche pas l'autorité administrative de rétablir son nom. Au deuxième, le juré n'est libéré que pour une ou plusieurs affaires, ou pour la session au maximum.

(2) Les parties ne pourraient renoncer à ces remplacements, car ils sont nécessaires pour que le droit de récusation conserve son étendue normale, et par suite d'ordre public.

le nombre de trente jurés soit de nouveau atteint, et sans qu'on puisse le dépasser (Loi des 21-24 nov. 1872, art. 19).

Les remplacements sont faits, suivant les règles de l'article 19 de la loi de 1872 (1), par la cour, en audience publique, et hors la présence de l'accusé. En effet, il s'agit de refaire, dans une certaine mesure, la liste trimestrielle ; il est par suite naturel de suivre les formes prescrites pour sa confection.

36. — Quand la liste de session est définitivement arrêtée, la cour procède à la formation du tableau du jury de jugement. Cette opération comprend le *tirage au sort des jurés*, et la *solution des incidents*.

37. — Il va sans difficultés que la cour doit, en règle générale, statuer sur les incidents. Il est également certain que le président doit *matériellement* accomplir le tirage. Mais, la question de savoir si le président doit y procéder en qualité d'autorité distincte, ou en qualité de membre de la cour, est controversée. L'intérêt de la discussion est qu'au premier cas le président peut agir hors de la présence de ses assesseurs, qu'au deuxième il doit nécessairement les avoir auprès de lui, puisque c'est en réalité la cour qui fait le tirage.

______

(1) C'est-à-dire : 1º En appelant les quatre jurés *suppléants* suivant l'ordre de leur inscription. 2º En cas d'insuffisance, en tirant au sort des jurés *complémentaires* sur la liste *spéciale*. 3º En cas d'insuffisance, en tirant au sort des jurés *de la ville* inscrits sur la liste *annuelle*.

La jurisprudence décide invariablement, que le président peut agir hors de la présence de ses assesseurs (bien que leur intervention n'emporte pas nullité), les articles 266, 309, 399, 405 paraissant supposer leur absence. Nous croyons cette solution inadmissible. D'abord, elle fait aux assesseurs une situation bizarre, puisque le président, qui a dû les appeler lors de la révision de la liste, peut les renvoyer pendant le tirage, quitte à les rappeler dès qu'il s'élève un incident. Il est peu probable que le législateur leur ait réservé ce rôle quelque peu ridicule. D'autre part, l'esprit de la loi étant de multiplier les garanties, il paraît naturel que la cour entière participe au tirage qui est une opération importante. Enfin, les termes des articles invoqués s'expliquent par ce fait, que le président accomplit matériellement le tirage. Il faut d'ailleurs les combiner d'une manière probablement peu prévue par les rédacteurs du code, pour en tirer un argument sérieux.

38. — Afin de procéder au tirage, la cour, le procureur général, le greffier et l'accusé se rendent en chambre du conseil. L'avocat doit pouvoir entrer. Quant aux tiers, leur présence indue n'entraîne aucune nullité : on admet même que le tirage peut avoir lieu en audience publique. — Si l'accusé ne sait pas *assez* le français pour exercer son droit de récusation, il est nécessaire de lui donner un inter-

prête (1). Cette mesure est facultative au cas contraire, l'article 332 n'exigeant un interprète que pendant les débats. Lorsque toutes les personnes dont la présence est requise sont réunies, on accomplit le tirage, qui comprend trois opérations indivisibles : 1° l'*appel* ; 2° le *dépôt des noms dans l'urne* ; 3° le *tirage* proprement dit.

L'appel est fait par le greffier, sur l'ordre du président. Il a pour but de constater la présence des jurés, qui doivent y répondre, et de permettre à l'accusé de préparer ses récusations. Aussi, la présence de ce dernier est-elle indispensable, et l'appel est-il une formalité substantielle, dont l'inaccomplissement entraîne nullité.

Le dépôt des noms dans l'urne est fait par le président, qui doit jeter chaque nom au moment où chaque juré répond à l'appel (art. 399). Cette formalité est destinée à garantir l'accusé contre toute chance d'arbitraire ou d'erreur ; aussi aucun autre procédé de tirage n'est permis. En cas de désignation équivoque du juré, il y a nullité (6 juillet 1882. D. 83, 1, 184).

Le président procède au tirage dès que les noms des jurés présents (30 au minimum) ont été déposés dans l'urne, après avoir averti l'accusé du nombre de récusations qui lui revient. Cet avertissement n'est pas obligatoire. — Le tirage se fait nom par

(1) On doit alors se conformer aux règles des articles 332 et 333.

nom ; chaque nom est proclamé par le président, et, aussitôt, l'accusé doit exercer, s'il y échet, son droit de récusation (1). La proclamation d'un nouveau nom empêchant la récusation du juré précédent, le président doit tirer lentement. Si les parties prétendent que leur droit de récusation est gêné par sa précipitation, elles peuvent faire insérer une réclamation au procès-verbal, ou même déposer des conclusions. Chaque nom non récusé est noté par le greffier. Lorsque le nombre des jurés nécessaires (2) est obtenu, la juridiction criminelle est irrévocablement constituée. Le président le déclare et cesse le tirage.

39. — L'opération que nous venons de décrire peut soulever des incidents dont la solution, ainsi que nous l'avons déjà dit, appartient à la cour. Il est impossible d'énumérer ici tous les cas où l'intervention de la cour est nécessaire. Nous nous contenterons de poser la double règle que la cour doit prononcer : 1° sur les *incidents contentieux* ; 2° sur les *incidents graves*. L'un de ces derniers est l'*annulation du tirage* ; nous croyons nécessaire d'en dire quelques mots.

Nous savons déjà que la règle générale, en matière de tirage, est l'irrévocabilité. Les jurés inscrits

(1) La récusation est *péremptoire*, c'est-à-dire non motivée. Par suite, le président ne peut la refuser sous prétexte qu'elle est de complaisance.

(2) Ce nombre est de douze, auquel il faut quelquefois ajouter deux adjoints, ainsi que nous le verrons.

au tableau de jugement sont acquis aux parties, et, en cas d'irrégularité, il faut rectifier l'erreur commise, mais non annuler l'opération sans nécessité. Exceptionnellement pourtant le tableau est révoqué, par la force même des choses, en cas de renvoi de l'affaire à une autre session. En outre, la cour (1) a le pouvoir d'annuler le tableau définitivement formé lorsqu'une irrégularité, un empêchement d'un juré, ou même un simple motif de bonne administration de la justice, viennent justifier cette mesure. Le nouveau tableau doit être formé par un tirage au sort, sur la même liste que le premier. On ne peut, à peine de nullité, convoquer spécialement des jurés complémentaires, la liste étant, après un pareil complément, le résultat d'une composition arbitraire. — En cas d'opposition des parties, le renvoi à une autre session est de droit.

40. — Il est un incident dont nous avons à dessein négligé de parler jusqu'ici, pour ne pas interrompre l'étude de la constitution normale de la juridiction criminelle. Nous voulons parler des *adjonctions d'assesseurs ou de jurés*, qui peuvent être ordonnées vu la longueur présumée des débats. Il est utile de s'arrêter un instant sur cette matière.

Les adjonctions sont rendues nécessaires par l'annulation que la loi prononce des arrêts rendus

(1) La jurisprudence accorde — a tort selon nous — le même droit au président, lorsqu'il a seul formé la liste, et jusqu'à l'ouverture des débats.

par des juges qui n'ont pas assisté à toutes les audiences. Cette règle, d'ailleurs fort naturelle, force à recommencer les débats en cas d'empêchement d'un assesseur ou d'un juré au cours de l'audience. Pour éviter cet inconvénient, la loi autorise la cour à opérer des adjonctions, soit d'assesseurs, soit de jurés, à l'effet de remplacer leurs collègues empêchés.

41. — Le droit d'adjoindre des *assesseurs* est écrit dans la loi du 25 brumaire de l'an VIII. Cette loi *spéciale*, n'ayant pas été formellement abrogée par le Code d'instruction criminelle, loi *générale*, il va sans difficultés qu'elle est encore en vigueur. L'article 253 ult. lève d'ailleurs tout doute à cet égard, depuis 1855.

Le principe du droit d'adjoindre des assesseurs n'étant écrit que dans la loi de l'an VIII, il est évident que les règles de détail de cette opération doivent être puisées dans cette même loi. C'est ainsi que l'on doit admettre : 1° que l'adjonction doit avoir lieu avant le tirage de la liste du jury (art. 1er) ; 2° que le nombre des assesseurs adjoints ne peut être supérieur à deux (art. 4) ; 3° que la cour est seule compétente pour ordonner l'adjonction (art. 4) (1). Remarquons d'ailleurs qu'il faut distinguer entre le droit *d'ordonner* l'adjonction, et le droit de *dési-*

____

(1) La jurisprudence confère aussi au président des assises et au premier président le droit d'ordonner les adjonctions. Nous ne voyons pas comment on peut ainsi déroger à la loi de l'an VIII.

gner les assesseurs. Le premier appartient à la cour, qui doit rendre un arrêt, le deuxième à l'autorité chargée de régler le service des magistrats, président et premier président. — Les assesseurs ainsi désignés ne sont que suppléants, et n'interviennent qu'en cas d'empêchement des titulaires.

42. — Le droit d'adjoindre des *jurés suppléants*, déjà écrit dans la loi de l'an VIII, a été formellement reproduit par la loi du 2 mai 1827, qui est venu compléter l'article 394 en permettant de faire siéger un ou deux jurés suppléants.

La loi nous indique elle-même que l'adjonction ne doit être ordonnée qu'avec la plus grande discrétion. Cela vient de ce que l'adjonction a pour effet de restreindre le droit de récusation. Ce motif, nous permet de comprendre pourquoi un arrêt de la cour est nécessaire à peine de nullité, pourquoi la nullité ne serait pas couverte par ce fait que les suppléants n'ont pas pris part au jugement, pourquoi l'arrêt de la cour peut être rapporté jusqu'au tirage (1). — L'esprit de la loi, qui nous a fait admettre toutes ces conséquences, doit nous faire également décider que l'adjonction ne sera ordonnée qu'en présence de l'accusé, ses observations entendues.

(1) La cour de cassation admet que l'arrêt peut être rapporté jusqu'à l'ouverture des débats, pourvu que le droit de récusation n'ait pas été atteint. Cette solution ne parait pas bonne, car le droit de récusation peut être atteint, même si l'accusé n'a pas exercé toutes les récusations auxquelles il avait droit. On se décide, en effet, à faire telle récusation suivant le nombre qui est imparti.

La cour de cassation décide le contraire (11 fév. 1860 Bul. 63), sous prétexte, qu'il s'agit d'une mesure d'ordre administratif. Par la même raison, elle n'exige ni publicité ni motifs en l'arrêt.

L'adjonction est ordonnée avant le tirage, et s'opère par le tirage au sort ordinaire dont nous avons parlé. La situation juridique des jurés ainsi désignés est analogue à celle des conseillers assesseurs. Nous n'y revenons pas. — S'il y échet, les suppléants sont appelés, par arrêt de la cour, rendu publiquement, à remplacer les jurés empêchés. Ce remplacement peut avoir lieu jusqu'à l'arrêt définitif, si du moins les jurés adjoints n'ont pas communiqué avec le public jusqu'au prononcé du verdict.

43. — Le tirage du jury de jugement effectué, il est dressé un procès-verbal général constatant le lieu du tirage, la présence des personnes qui doivent y assister et les divers incidents. Le président le signe à peine de nullité. Cela fait, l'accusé, le jury et la cour prennent séance, et le président déclare l'audience ouverte.

TITRE II

L'AUDIENCE

CHAPITRE PREMIER

LES DÉBATS

Attributions du président.

44. — Le président a, pendant les débats, des attributions *personnelles* fort importantes. Il est chargé de diriger le procès criminel : Pour le mettre à même de remplir ce rôle, la loi lui a conféré trois pouvoirs principaux : la *police de l'audience*, la *direction des débats* ; le *pouvoir discrétionnaire*.

45. — Le pouvoir de police de l'audience, qui résulte de l'article 267, permet au président de maintenir la dignité et la sécurité de la justice, en prévenant ou réprimant tous les faits n'ayant pas pour but d'interrompre les débats et ne constituant pas des délits d'audience, n'étant visés par suite ni par la loi du 29 septembre 1835, ni par les articles 505 et suivants, mais qui peuvent troubler l'ordre dans la salle, ou mettre la juridiction en danger.

46. — Parmi les mesures *préventives* que le président peut prendre en vertu de son pouvoir de police, on peut citer : Le droit de requérir l'autorité militaire, et d'organiser un service d'ordre intérieur ou extérieur : L'obligation de donner au défenseur l'avertissement prescrit par l'article 311 (1) etc.

Parmi les mesures *répressives* autorisées par le pouvoir de police, se placent : Les avertissements, injonctions, réprimandes, adressés à une seule personne ou à l'auditoire en général : L'expulsion de ceux « qui donnent des signes publics d'approbation « ou d'improbation », ou même de l'auditoire entier en cas de tumulte général (art. 504) : Le droit de faire conduire pendant vingt-quatre heures à la maison d'arrêt (2), en vertu d'une *ordonnance* dont le procès-verbal doit porter trace, les perturbateurs qui résistent ou reviennent après expulsion (art. 504).

47. — Dans l'exercice de son pouvoir de police, le président doit avoir soin de ne pas empiéter sur les attributions de la cour, et de ne pas violer les principes généraux de la procédure devant les cours

---

(1) Le conseil est averti, qu'il ne doit rien dire contre sa conscience ou contre le respect dû aux lois et qu'il doit s'exprimer avec décence et modération. Dans la pratique le président se contente de rappeler le numéro de l'article.

(2) Cette détention n'a aucun caractère pénal.

d'assises. Il résulte de cette règle, notamment, que le président ne peut prononcer aucune peine, même disciplinaire, à raison des fautes ou délits qu'il constate, et, d'autre part, que le droit d'expulsion confié au président par l'article 504 ne peut s'appliquer à l'accusé. L'expulsion de l'accusé est, en effet, une dérogation au principe que le débat doit être oral et contradictoire. Elle ne peut être admise qu'en vertu de la loi de 1835, et d'après les formes prescrites par cette loi. — Dans les limites que nous venons d'indiquer, le président agit en toute liberté, et l'on ne peut contester plus tard l'opportunité des mesures prises.

48. — La direction des débats est conférée au président par les articles 267 et 270, qui le chargent de diriger les jurés dans l'exercice de leurs fonctions (1), de présider à toute l'instruction, d'écarter du débat tout ce qui tendrait à le prolonger inutilement. Il résulte de la généralité de ces textes, que le président peut, en chaque affaire, accomplir une infinité d'actes dont les circonstances lui donnent l'idée. Il est évident que nous ne pouvons nous en occuper. Nous donnerons au contraire quelques détails sur les mesures, prévues par des textes formels, qui se rattachent à la direction des débats.

(1) Ce pouvoir de direction des jurés donne au président le droit de leur adresser des remontrances, s'il y échet. Mais, lorsqu'il ont, en violation de leur promesse, communiqué avec quelqu'un ou manifesté leur opinion, c'est à la cour qu'il appartient de constater ce fait sur son propre témoignage, et de statuer suivant les circonstances.

49. — Les actes que la loi charge le président de faire, par application de son droit général de direction des débats, sont relatifs, soit aux *formalités préliminaires* de l'examen de l'accusé, soit à la *production des preuves*, soit à la *discussion du procès*. Ils peuvent enfin avoir pour but de *faciliter la marche de la procédure*.

50. — Le président accomplit la plupart des formalités préliminaires du procès :

51. — Il doit veiller à ce que l'accusé comparaisse libre, et prendre seulement les précautions nécessaires pour l'empêcher de s'évader, et le mettre hors d'état de nuire (art. 310). Si l'accusé refuse de comparaître, la loi du 9 septembre 1835, rendue nécessaire par quelques scandales qu'occasionnèrent les procès politiques de 1830, ordonne que le président le fera sommer d'obéir à la justice par un huissier spécialement commis et accompagné de la force publique. Cet huissier dresse procès-verbal de la sommation et de la réponse. Si le refus de comparaître persiste malgré cette injonction, le président peut ordonner que l'accusé sera amené par la force. S'il le juge meilleur, il peut aussi, après lecture à l'audience du procès-verbal de l'huissier, ordonner qu'il sera passé outre aux débats (1). Dans ce dernier cas, lecture est donnée au non comparant du

______

(1) Cette déclaration doit émaner de la cour, s'il y a des conclusions prises.

procès-verbal des débats par le greffier. Il lui est en outre laissé copie des réquisitions et arrêts intervenus. Moyennant ces formalités, la procédure est réputée contradictoire, malgré l'absence de l'accusé.

52. — Lorsque l'accusé comparaît, le président constate son identité (art. 310), à condition que cette identité ne fasse l'objet d'aucune difficulté. Si l'accusé prétendait que l'arrêt de renvoi ne lui est pas applicable, on se trouverait en présence d'un moyen de défense que le jury devrait apprécier.

53. — Ces formalités accomplies, le président fait prêter serment aux jurés conformément à l'article 312. Ce serment a pour but de *faire le juré*. En conséquence : 1° à défaut de serment la procédure est nulle ; 2 le serment doit être prêté *au plus tard* avant l'ouverture des débats, à peine de nullité.

La forme du serment indiquée par l'article 312 est sacramentelle ; néanmoins il faut distinguer entre les diverses prescriptions de la loi. Il n'est pas indispensable, en effet, que les jurés prêtent serment debout, découverts, et en levant la main droite, ni que le président en fasse personnellement l'appel. Il est indispensable au contraire : 1° qu'il y ait un appel des jurés, de manière que leur serment soit individuellement prêté ; 2° que le président tienne le *discours* de l'article 312, et que chaque juré réponde *je le jure* (20 mai 1882. D. 82, 1, 388). Cette dernière règle peut néanmoins recevoir des exceptions. Si le juré appartient à un culte non chrétien, les principes de tolérance admis dans notre droit public imposent de modifier la formule quant à sa partie religieuse, ou même de le dispenser de serment. Mais il faut examiner si le refus du juré n'a pas pour but d'éviter de siéger. En ce cas, l'article 396 serait applicable et la cour devrait intervenir. — Le serment des jurés doit être prêté en audience publique, même si le jugement doit avoir lieu à huis-clos.

54.— Après le serment des jurés, le président doit avertir l'accusé d'être attentif à ce qu'il va entendre. Ce qu'il va entendre, c'est la lecture (1) faite par le greffier, à haute voix, sur l'ordre du président, de l'arrêt de renvoi, de l'acte d'accusation (art. 313), et des pièces que, d'après la jurisprudence, il est loisible au président de faire connaître au jury. Néanmoins il résulte de l'historique (Loi 1791, t. 7, art. 2), que cet avertissement se réfère à toute la procédure ; aussi recommande-t-on, conformément à l'esprit de la loi, de le répéter toutes les fois qu'un acte important rend l'attention de l'accusé désirable. D'ailleurs, il n'est jamais prescrit à peine de nullité.

55. — L'acte d'accusation étant lu, le président rappelle d'un mot à l'accusé ce qui y est contenu, et lui dit : « Voilà de quoi vous êtes accusé, vous allez

____

(1) Ces lectures ne sont pas prescrites à peine de nullité.

« entendre les charges qui vont être portées contre
« vous » (art. 314). Il donne ensuite la parole au procureur général qui expose le sujet de l'accusation (1), et fait procéder à l'appel des témoins
(art. 315). Si l'un d'eux fait défaut, le président est
tenu d'adresser aux parties une interpellation, qui
n'est pas prescrite à peine de nullité, pour provoquer
leurs observations.

56. — Après l'appel, le président ordonne aux témoins de se retirer dans la chambre qui leur est destinée. Cette retraite a pour but de les mettre à l'abri
de toute influence extérieure ; aussi l'article 316 indi-
que-t-il au président deux mesures différentes pour
atteindre ce but : 1° Il doit séquestrer les témoins.
2° Il doit prévenir toute conférence entre eux. Cet
article d'ailleurs n'est pas prescrit à peine de nullité.
La sanction, c'est qu'en cas de violation de la loi
les parties pourraient mettre le jury en garde contre
une déposition devenue suspecte.

57. — Ces formalités accomplies, et avant de passer à l'examen, le président détermine celui des
accusés qui doit être soumis le premier aux débats,
en commençant par le principal accusé, s'il y en a un.
Il fait ensuite un débat particulier sur chacun des
autres. (art. 334).

58. — En vertu de son pouvoir de direction des
débats, le président concourt également à l'adminis-

(1) En pratique on se dispense de cet exposé.

tration des preuves : Il ordonne la lecture des pièces du dossier ; il procède à l'audition des témoins ; il prescrit la représentation des pièces de conviction ; il provoque, transmet ou fait lui-même les observations que suggère cette audition ; il examine séparément les témoins ou l'accusé s'il y échet.

59. — La lecture des pièces du dossier n'est pas formellement ordonnée par la loi, mais le droit de les lire toutes, à l'exception des interrogatoires des témoins au cours de l'instruction écrite, se déduit de l'article 341. Cet article prescrit, en effet, que toutes les pièces du dossier, à l'exception des déclarations écrites des témoins, seront remises au jury avant qu'il entre dans sa chambre des délibérations. Or, si le jury peut prendre connaissance de ces pièces à un moment où il n'est plus possible aux parties de les discuter, on peut, *a fortiori*, lui en donner connaissance à l'audience, car la présence des parties est une garantie de plus.

60. — L'audition des témoins est dirigée par le président, qui fait introduire les personnes citées et notifiées par les parties l'une après l'autre, conformément aux règles de l'article 321. Cela fait, il constate leur identité. Cette constatation ne doit avoir lieu, d'après la jurisprudence qui argumente de l'économie de l'article 317, qu'après que le témoin a prêté serment ; mais il nous paraît plus naturel de ne faire venir le serment qu'après la constatation d'identité,

les questions tendant à établir cette identité ne faisant pas partie de la déposition, et cette manière de procéder évitant l'annulation du serment prêté par une personne postérieurement reconnue incapable.

61. — L'identité constatée, le président, si le témoin est mineur de quinze ans, décide s'il sera ou non entendu sous serment (arg. art. 79). Il donne au jury l'avertissement prescrit, lorsque la déposition à entendre est celle d'un dénonciateur non pécuniairement récompensé (art. 322) ; il exclut, d'office, le témoignage des personnes dont l'audition est prohibée soit à raison d'une *incompatibilité* — membres de la cour, jurés, interprètes (art. 332, 392) (1) —, soit à raison d'une qualité les rendant *suspectes* — parents et alliés au degré prohibé, dénonciateurs pécuniairement récompensés par la loi, parties civiles (art. 322) —, soit à raison d'une *incapacité* — condamnés à des peines afflictives *ou* infamantes, condamnés à des peines correctionnelles en certains cas (Loi du 31 mai 1854, art. 2, — art. 34 et 42, C. P.) — (2). Ces exclusions peuvent se faire *d'office*, car il serait inconséquent de forcer à attendre une opposition des

____

(1) Cette cause d'exclusion ne peut être écartée par l'adhésion des parties (arg. art. 332, 392).

(2) Les *parents* et *dénonciateurs* peuvent être entendus avec l'adhésion des parties (art. 322). La jurisprudence étend cette solution aux *condamnés* et aux *parties civiles*, c'est un tort selon nous. En effet, l'incapacité des parents et dénonciateurs est *relative*; celle des condamnés et parties civiles *absolue*. On ne peut donc étendre au deuxième cas une règle écrite pour le premier.

parties pour écarter des témoins que la loi défend d'entendre.

62. — Le président fait ensuite prêter serment au témoin, dans les termes de l'article 317, à peine de nullité. Cette règle peut cependant recevoir des exceptions dans les hypothèses déjà indiquées à propos des jurés ; nous n'y reviendrons pas. — Le serment prêté, le président met le témoin en demeure de *satisfaire à la citation*, c'est-à-dire de déclarer ce qu'il sait. Il veille à ce que la déposition soit faite conformément aux règles légales : sans que les témoins s'interpellent entre eux (art. 325) : séparément : oralement : sans interruption : spontanément (art. 317, 319 etc,).

La séparation des témoins pendant leur déposition a pour but de les empêcher de s'influencer réciproquement. Cette règle n'a d'autre sanction que la faculté, laissée à l'accusé, de réclamer son exécution devant la cour si le président la viole. Il en résulte que, s'il se tait, le président peut faire entendre plusieurs témoins simultanément s'il y échet.

La nécessité d'une déposition orale est une application du principe de l'*oralité* des débats devant la cour d'assises. Il en résulte que le témoin ne peut s'aider de notes pendant sa déclaration, et que, de peur de l'influencer, le président ne peut, antérieurement à sa déposition orale, donner lecture de ses dires dans l'instruction écrite. — On admet, cependant, que le témoin peut aider sa mémoire de certains documents, lorsqu'il s'agit d'affaires spéciales exigeant des détails impossibles à retenir. De plus, il est permis à tout témoin autorisé du président de lire les pièces qu'il produit à l'appui de ce qu'il avance. Cette dernière proposition n'est pas une exception à la règle de l'*oralité*, mais un cas en dehors de la règle, les pièces lues ne faisant pas partie de la déposition.

La règle de la spontanéité de la déposition résulte des articles 315, 321, 322 à 324, qui supposent que les témoins sont *entendus* et non *interrogés*. Elle est exigée à l'effet de sauvegarder l'indépendance du témoin. Remarquons, cependant, qu'après que le témoin a parlé, le président peut lui poser quelques questions à l'effet d'éclaircir et de compléter ses dires.

La défense d'interrompre le témoin, qui est écrite en l'article 319, a pour but de conserver à la déposition sa spontanéité. Elle ne confère pas d'ailleurs au témoin le droit de parler indéfiniment et sur toutes choses. En conséquence, le président doit, en vertu de l'article 270, l'arrêter s'il s'écarte du sujet. Néanmoins une très grande discrétion est nécessaire. (1)

____

(1) On a voulu déduire de l'article 270 que le président pouvait rejeter en totalité la déposition d'un témoin régulièrement produit. Cette opinion est abandonnée. Il résulte en effet de la comparaison des articles 315 à 317 et des articles 153, 154, 190, que l'audition des témoins *au criminel* n'est jamais *facultative*. Par suite, tout témoin régulière-

63. — La déposition terminée, le président, pour éviter toute équivoque, doit demander au témoin si c'est de l'accusé présent qu'il a entendu parler (art. 319). Il renvoie ensuite le témoin, qui doit rester dans l'auditoire, s'il n'obtient l'autorisation de se retirer. L'accusé peut s'opposer à ce que le président donne cette autorisation. S'il ne le fait, il ne peut se plaindre plus tard.

64. — Après l'audition de chaque témoin, le président ordonne la représentation des pièces de conviction aux témoins et à l'accusé, s'il y a lieu, et les interpelle de répondre personnellement s'ils les reconnaissent (art. 329.)

65. — Il provoque en outre, transmet, ou fait lui-même les observations que suggère la déposition. C'est ainsi qu'il demande à l'accusé s'il veut *répondre* à ce qui vient d'être dit contre lui, conformément à l'article 319. Le droit de l'accusé ne se borne pas d'ailleurs à une simple *réponse*, car le même article l'autorise à questionner le témoin par l'organe du président, et à dire, tant contre lui que contre le témoignage, *tout ce qui pourra être utile à sa défense.* Il résulte de la comparaison de ces derniers mots avec les termes du Code de Brumaire, *tout ce que l'accusé juge utile à sa défense*, qu'il n'est pas loisible à l'accusé de dire tout ce qu'il lui plaît. Le président,

ment appelé doit être entendu. L'article 270 ne permet que de couper court à ses divagations.

directeur des débats, doit donc apprécier ce qui est *utile*, et empêcher que les observations de l'accusé ne dégénèrent en plaidoirie (art. 270). Si la défense conteste l'opportunité de l'intervention du président, elle peut poser des conclusions et la cour intervient. (1)

Après que l'accusé a fait ses observations, le président peut également demander, tant au témoin qu'à l'accusé, des éclaircissements, s'ils paraissent nécessaires. Les juges, le procureur général et les jurés ont le même droit, en demandant la parole au président, et après lui. En dernier lieu, la partie civile peut poser des questions au témoin ou à l'accusé, mais seulement par l'organe du président (art. 319).

66. — Le président peut enfin, après la déposition, procéder à l'examen séparé des témoins ou des accusés. Pour cela, en ce qui concerne les témoins, l'article 326 l'autorise à faire retirer, d'office ou sur réquisitions, certains d'entre eux de l'auditoire, et à en faire entendre de nouveaux, soit séparément, soit en présence les uns des autres. En ce qui concerne les accusés, l'article 327 autorise le président à faire retirer d'office, pendant, avant ou après les dépositions ou l'interrogatoire d'un coaccusé, un ou plusieurs accusés, à l'effet de les examiner séparé-

____

(1) Sont utiles à la défense toutes questions et observations relatives aux *faits* de l'accusation, *ou* portant sur la *moralité* de l'accusé ou des témoins.

ment sur quelque circonstance du procès. Dans ce dernier cas, la loi prescrit que l'on ne reprendra les débats généraux qu'après avoir instruit chaque accusé de ce qui s'est passé en son absence, et la jurisprudence exige cet avertissement à peine de nullité. Mais il résulte des mots *débats généraux*, et du but évident de la loi, que l'accusé peut être interrogé sur les faits qui ont motivé son éloignement avant d'être instruit de ce qui s'est passé en son absence.

67. — En vertu de son pouvoir de direction des débats, le président concourt à la discussion du procès, dont l'article 335 nous indique à la fois l'ordre et la composition. Elle comprend : Les *conclusions de la partie civile* ; le *réquisitoire* du procureur général ; la *plaidoirie* de la défense ; les *répliques*.

68. — Le président reçoit les conclusions de la partie civile, si elle ne s'est constituée dèjà au cours de l'instruction écrite. Après quoi il lui donne la parole, et intervient, s'il est besoin, pour l'empêcher de se substituer au procureur général.

69. — En ce qui concerne le réquisitoire du ministère public, au contraire, le président n'a pas à s'en occuper, si ce n'est pour donner la parole au procureur général. Ce magistrat est, en effet, indépendant de la cour qui n'a pas à apprécier ses actes.

70. — Après le réquisitoire, vient la plaidoirie de la défense. Le président donne la parole au conseil de l'accusé. S'il y a plusieurs avocats dans la cause, il détermine l'ordre dans lequel ils parleront, s'ils ne se sont arrangés entre eux.

Le président doit laisser la plus grande liberté à la défense, en réprimant seulement ses écarts, soit par une interruption (art. 267, 270, 311), soit par un rappel aux devoirs professionnels (ordon. du 20 nov. 1822). Il est très difficile de distinguer le légitime exercice de la défense, de ses excès. La loi n'impose au défenseur d'autres limites que l'obligation de ne pas prolonger inutilement les débats (art. 270), de ne rien dire contre sa conscience, contre le respect dû aux lois, et de s'exprimer avec décence et modération. En dehors de ces prescriptions formelles, on ne peut invoquer que les principes généraux (1).

71. — Il est d'usage, en pratique, que le défenseur fasse connaître au jury la peine que son verdict entraînera. Cette pratique est-elle bonne ? Le président peut-il s'opposer à l'indication de la peine ? Cette question a été vivement controversée.

1ere opinion : Le président peut empêcher l'indication de la peine, car l'article 342 dit formellement que les jurés « manquent à leur premier « devoir lorsque, pensant aux dispositions de la loi « pénale, ils considèrent les suites que pourra avoir « par rapport à l'accusé la déclaration qu'ils ont à

_____

(1) C'est ainsi, par exemple, qu'on a interdit de citer les décisions du jury dans des affaires analogues. En effet, la généralisation des décisions est contraire à l'institution du jury.

« faire ». Si l'on objecte que la loi de 1832, en permettant au jury de déclarer qu'il existe des circonstances atténuantes, a dû modifier cet article, les partisans de ce premier système répondent que la loi de 1832 n'a pas changé la nature des attributions des jurés, « puisqu'elle a réservé exclusive-
« ment à la cour d'assises le droit d'apprécier et de
« déterminer la modification qui, par suite de cette
« déclaration, doit être apportée à la peine » (25 mars 1836. J. P., t. 26, p. 1201).

2ᵉ opinion : Le président ne peut s'opposer à l'indication de la peine au jury. En effet, M. Dumon rapporteur de la loi du 28 avril 1832, disait : « Le système des circonstances atténuantes
« sert à éluder de très graves difficultés qui se pré-
« sentent dans la législation criminelle... On a voulu
« pourvoir au plus pressé *en adoucissant la pénalité,*
« et on a trouvé un moyen d'étendre à toutes les ma-
« tières la possibilité d'adoucir les rigueurs de la loi,
« autrement que par une minutieuse révision de
« détail ». L'esprit de la loi est donc d'arriver à un adoucissement des peines par l'institution des circonstances atténuantes. Or, comment le jury pourrait-il arriver à atténuer une peine trop dure si on ne lui faisait connaître tout d'abord la disposition de la loi? Il est donc du droit, et même du devoir, du défenseur et du ministère public de l'éclairer sur ce point (voir M. Beudant : *De l'indication de la loi*

pénale dans la discussion devant le jury). Nous nous rallions à ce dernier système.

72. — La discussion principale achevée, toutes les parties ont un droit de réplique, que l'accusé et son conseil doivent toujours pouvoir exercer les derniers ; puis le président prononce la *clôture des débats* (art. 335) ; après elle toute discussion est interdite, sauf le cas de réouverture des débats (1).

73 — La discussion du procès était autrefois achevée par un *résumé de l'affaire*, que le président faisait en vertu de l'ancien article 336. On déduisait du nom même de cet acte qu'il devait être bref et qu'il ne pouvait puiser ses éléments que dans le débat. De plus, l'article 336 le voulait impartial. Malheureusement la jurisprudence n'avait attaché de sanction ni à la règle de la brièveté, ni à la règle de l'impartialité. On défendait seulement au président de mentionner d'autres charges que celles produites aux débats. Il en résultait, le président ayant son opinion sur l'affaire, et cette opinion étant souvent défavorable à l'accusé, que le résumé se transformait en un véritable réquisitoire. Aussi de vives critiques avaient-elles été dirigées contre cette institution que la loi du 19 juin 1881 est venu interdire à peine de nullité. Il résulte de cette loi que toute explication

---

(1) Cette réouverture, qui peut avoir lieu par arrêt de la cour jusqu'à ce qu'elle soit dessaisie, a été autorisée, malgré le silence des textes, en considération de la faveur de la loi pour toutes les mesures pouvant amener la manifestation de la vérité.

donnée après la clôture des débats entraine nullité, car elle constitue un résumé au moins partiel. (15 mai 1885, D, 86, 1, 94).

74. — En vertu de son pouvoir de direction des débats, le président accomplit enfin tous les actes destinés à faciliter la marche de la procédure. Parmi eux on peut citer les *nominations d'interprètes* et les *suspensions d'audience* destinées à donner aux juges, jurés et témoins les intervalles nécessaires pour le repos.

75. — La nomination d'un interprète est exigée par les articles 332 et 333 qui reproduisent l'ancien droit sur ce point, dès que l'accusé, les témoins, ou les juges se trouvent, soit par leurs infirmités, soit par leur extranéité, hors d'état de suivre utilement le débat (1). Cette nomination est faite par ordonnance du président, d'office ou sur réquisition (2). L'interprète doit prêter serment avant d'entrer en fonctions, et pour chaque affaire ; mais un seul serment suffit pour la totalité du procès.

76. — Les suspensions d'audience, que le président peut ordonner, sont autorisées par l'article 353 qui prescrit en même temps que les débats, une fois entamés, devront être continués sans interruption. Il faut en effet distinguer la suspension de l'interruption.

(1) La nomination d'un interprète n'est pas exigée par la loi pendant la procédure préliminaire.

(2) L'interprète peut être récusé. La cour statue sur la récusation.

La suspension est une division du débat en parties séparées entre elles par un trait de temps;
l'interruption en diffère par ce fait que, pendant
le trait de temps, il est procédé à certains actes
juridiques étrangers au débat, de telle sorte que le
procès, ajourné en cas de suspension, est délaissé en
cas d'interruption.

L'article 353 n'autorise la suspension d'audience
que pour donner du repos aux juges, jurés, témoins
etc. Malgré cette forme restrictive de la loi, la jurisprudence confère au président le droit de suspendre
à peu près arbitrairement les débats. Il est certain
que l'impossibilité où l'on est de contrôler l'état de
fatigue que le président prétend ressentir, lui permet, en fait, de suspendre l'audience quand il lui
plaît et tant qu'il lui plaît. Mais il est excessif de
déduire de cette observation, comme l'a fait la cour
suprême, que l'article 353 n'est qu'indicatif, et qu'il
est dès lors permis de suspendre l'audience à tous
moments et pour toutes les causes possibles, par
exemple pour attendre l'arrivée d'un témoin qu'on a
fait appeler, ou plus généralement pour attendre
l'exécution d'une mesure ordonnée par le président
(v. F. Hélie, n 3419).

77. — Le président est enfin investi, ainsi que
nous l'avons indiqué, d'un pouvoir discrétionnaire
(art. 268, 269). — On entend par pouvoir discrétionnaire, la faculté dont le président est, pendant la durée

des débats, extraordinairement investi d'ordonner,
pour résoudre certaines difficultés imprévues qui
surviennent au cours de l'instruction, des mesures
qui ne sont pas des violations des dispositions impératives de la loi, ou des principes substantiels de la
procédure criminelle.

78. — Le pouvoir discrétionnaire a été introduit
dans notre loi en 1791, et maintenu par les Codes
de Brumaire et de 1808. Il est donc contemporain du
jury et n'a jamais cessé d'exister depuis la création
de cette institution. La raison en est que, le jury ne
pouvant puiser les éléments de sa décision que dans
la procédure orale, il était indispensable de donner
au magistrat directeur du procès un moyen de compléter les preuves produites sans interrompre le
cours de l'audience, à peine de forcer les jurés à statuer sans renseignements suffisants.

79. — La définition du pouvoir discrétionnaire que
nous avons donnée plus haut contient cinq règles
qu'il importe d'examiner successivement, à l'effet
d'en vérifier l'exactitude. Ces cinq règles nous font
connaître tout à la fois le fonctionnement et le
domaine du pouvoir discrétionnaire.

80. — 1° Le pouvoir discrétionnaire est purement
facultatif, c'est-à-dire que le président qui en est
investi peut, à sa volonté, l'exercer ou ne pas l'exercer. Ce caractère résulte du texte même de l'article 268 qui, d'une part, nous dit que le président

« pourra prendre sur lui tout ce qu'il croira utile », et qui, d'autre part, s'en remet à « son honneur et à sa conscience » pour favoriser la manifestation de la vérité. De ces mots, il suit : *A*. qu'aucun acte n'est imposé au président, ce qui permet, à la vérité, aux parties de lui suggérer certaines mesures, mais leur interdit de les requérir ; *B*. que le président n'est tenu de motiver ni les mesures qu'il ordonne, ni le refus qu'il oppose aux prières des parties ; *C*. que le président peut modifier et révoquer à son gré les décisions prises en vertu de son pouvoir discrétionnaire.

81. — 2° Le pouvoir discrétionnaire appartient au président, et à lui seul. Il est *incommunicable*. En effet, l'article 268 charge le président de « prendre « sur lui » certaines mesures, et s'en remet à « son « honneur et à sa conscience ». Il est clair que si le président doit prendre sur lui certaines détermina-tions, en consultant son honneur et sa conscience, il ne peut s'en remettre à un autre. En conséquence, la cour ne peut se mêler de ce qui rentre dans l'exer-cice du pouvoir discrétionnaire, et, saisie par des réquisitions, elle doit statuer il est vrai, mais se déclarer incompétente, le président renonça-t-il à son attribution (1).

82. — 3° Le pouvoir discrétionnaire ne s'exerce

____

(1) Le caractère incommunicable du pouvoir discrétionnaire n'em-pêche pas le président de demander *conseil* à ses assesseurs ; mais il doit décider seul.

que *pendant les débats*. L'article 269 le dit formellement. Mais il faut remarquer que cette règle ne serait pas violée, d'une part si le président préparait, avant l'ouverture des débats, un acte du pouvoir discrétionnaire, d'autre part si, après la clôture des débats, le président les faisait rouvrir à l'effet d'exercer son pouvoir discrétionnaire.

83. — 4° Le pouvoir discrétionnaire ne s'exerce que pour résoudre *certaines difficultés imprévues*. L'article 269 nous indique, en effet, les mesures que peut prendre le président lorsqu'il lui parait « d'après « les nouveaux développements donnés à l'audience « soit par les accusés, soit par les témoins », qu'elles répandront « un jour utile sur le fait contesté. »

De ce texte résulte :

A.. Qu'il doit s'agir d'une difficulté *imprévue* pour que le pouvoir discrétionnaire intervienne. En effet, l'article 269 parle de faits contestés, qui surgissent par suite de nouveaux développements. Si donc des faits sont contestés parce que la procédure est incomplète, il peut y avoir lieu à renvoi, mais le pouvoir discrétionnaire n'a pas à intervenir.

B. Que le pouvoir discrétionnaire ne s'exerce que si les nouveaux développements sont donnés soit par l'*accusé*, soit par les *témoins*. S'ils le sont par la partie civile ou le procureur général, le président ne doit rien faire. La loi a craint que l'on ne se servit contre l'accusé du pouvoir discrétionnaire, en produisant au dernier moment des preuves qu'il ne serait pas préparé à combattre.

C. Que le pouvoir discrétionnaire ne peut être employé, même dans les limites précitées, que pour l'*instruction* de l'affaire. En effet, l'article 269 nous parle de mesures pouvant répandre un jour utile, c'est-à-dire de mesures d'instruction. De plus, l'article 268 assigne pour but au pouvoir discrétionnaire la découverte de la vérité. Or, chercher à découvrir la vérité dans un procès, c'est instruire l'affaire. Donc, le président ne pourrait, sans excès de pouvoir, ordonner, en vertu de son pouvoir discrétionnaire, un acte n'ayant pas pour but de développer l'instruction (voir F. Hélie, n° 3286 et s.).

84. — L'interprétation que nous venons de donner de l'article 269 n'est pas admise par tout le monde. Plusieurs auteurs, notamment MM. Nouguier (n° 2326 et s.) et Ortolan (*Éléments de Droit pénal,* t. 2, n° 2087), la repoussent par les considérations suivantes : L'article 268, disent-ils, pose le principe en matière de pouvoir discrétionnaire : « Le président « pourra prendre sur lui tout ce qu'il croira utile pour « découvrir la vérité ». Vient ensuite l'article 269 qui donne des applications de ce principe, mais seulement à titre d'exemple, et non pour le limiter. En conséquence, l'article 269 ne détruit pas la généralité de l'article 268, et, par suite, le président peut faire usage de son pouvoir discrétionnaire quand il le veut, ne s'agit-il pas de difficultés imprévues soulevées par l'accusé ou les témoins. Cette théorie de la loi, ajoutent les auteurs dont nous parlons, est fort naturelle, car il est contraire au but du pouvoir discrétionnaire de lui imposer des entraves incompatibles avec les conditions d'indépendance dans lesquelles il doit s'exercer.

Nous croyons cette interprétation inadmissible. Une lecture attentive des articles 268 et 269 montre, en effet, que ces deux textes ont chacun un but différent. L'article 268 indique *quelles* mesures peuvent être ordonnées en vertu du pouvoir discrétionnaire : c'est toutes les mesures pouvant faire découvrir la vérité. L'article 269, après avoir indiqué, à titre d'exemple, quelques unes de ces mesures (1), nous dit ensuite *quand* elles peuvent être ordonnées : c'est lorsqu'il se présente ce que nous avons appelé plus haut certaines difficultés imprévues. Par suite, l'article 269 ne peut être considéré, à ce point de vue, comme une application de l'article 268, il en est au contraire une restriction.

85. — 5° Le pouvoir discrétionnaire ne peut autoriser de mesures illégales, ou contraires aux droits garantis par nos institutions. Discrétionnaire, en

(1) Les mesures citées sont de celles que le juge d'instruction peut ordonner. On en a conclu que, dans l'esprit de la loi, le président peut, en vertu de son pouvoir discrétionnaire, prendre seulement des mesures autorisées dans l'instruction préparatoire. Néanmoins, faute de texte précis, cette règle est plutôt indicative qu'impérative. (F. Hélie n° 3288).

effet, ne veut pas dire arbitraire. Ce pouvoir ne peut donc s'exercer, sauf texte formel, qu'en observant pour le fond et la forme les prescriptions légales. Par suite, lorsque la mesure ordonnée par le président, se heurte, soit à un texte formel, soit à un principe fondamental de l'administration de la justice pénale, il faut examiner le caractère plus ou moins impératif, la nature plus ou moins substantielle du texte et du principe écartés, considérer que le pouvoir discrétionnaire ne peut être employé que pour l'instruction de l'affaire, et déduire de cet examen si la mesure ordonnée par le président pouvait s'exercer au dessus des dispositions légales ou des principes qu'elle rencontrait, ou si elle devait les respecter (v. Ortolan, n° 2086).

86. — L'article 269 indique deux des mesures les plus importantes que le président peut ordonner en vertu de son pouvoir discrétionnaire ; c'est : l'*audition de toutes personnes* : la *lecture de toutes pièces*. Il convient de citer en outre l'*interrogatoire de l'accusé*. Nous dirons quelques mots de ces trois mesures avant de quitter notre matière.

87. — Le président peut, en vertu de son pouvoir discrétionnaire, procéder à l'audition de toutes personnes (art. 269). Il résulte de cette règle que le président peut faire déposer notamment :

A. Toute personne qui, faute de citation, n'a pas la qualité de témoin. En effet, l'article 315 défend de l'entendre « sans préjudice de la faculté accordée au « président par l'article 269 ». L'audition en vertu du pouvoir discrétionnaire est donc expressément réservée. Il importe peu, d'ailleurs, que les personnes dont s'agit aient ou non déposé dans l'instruction écrite, car la loi ne distingue pas.

B. Les personnes (parents, alliés, dénonciateurs) dont le témoignage est prohibé par l'article 322. En effet, cette prohibition pouvant être écartée par l'adhésion des parties, cette disposition ne saurait être considérée comme impérative. Elle ne peut donc tenir en échec le pouvoir conféré par l'article 269 de faire entendre toutes personnes.

C. Les personnes dont le témoignage est prohibé par les articles 35 et 42 C. P. et la loi du 31 mai 1854. Il est vrai que, ces textes permettant d'entendre ces incapables à titre de renseignement, la cour a, dans cette hypothèse, compétence pour ordonner qu'ils seront entendus à ce titre. Mais cette compétence n'exclut pas le pouvoir du président, car, d'une part, la règle de l'article 269 est générale, et, d'autre part, les textes du Code pénal précités ne prohibent pas l'audition des personnes qu'ils déclarent incapables, puisqu'ils la prévoient expressément.

A l'inverse, le président ne pourrait faire entendre en vertu de son pouvoir discrétionnaire :

A. Les personnes astreintes au silence par le secret professionnel.

B. Les personnes citées, que leurs noms aient été notifiés ou non. Elles ont, en effet, de par la citation, qualité de témoins. Or, l'article 317 ordonne, à peine de nullité, que les témoins prêtent serment. C'est là une disposition impérative à laquelle le président ne peut déroger. Notons cependant que, malgré la citation, l'audition peut avoir lieu en vertu du pouvoir discrétionnaire : *a* si la personne citée est mineure de quinze ans (art. 79) ; *b* si la personne citée n'a pas ou n'a plus qualité de témoin parce qu'elle est incapable, ou parce que les parties y ont renoncé.

88. — Le président peut, en vertu de son pouvoir discrétionnaire, procéder à la lecture de toutes pièces nouvelles (art. 269). Par pièces nouvelles, on entend :

A. Les pièces autres que celles du dossier ; ces dernières sont d'ailleurs lues, sauf exception, en vertu du pouvoir de direction des débats.

B. Les dépositions des témoins, quand ces témoins sont dans l'impossibilité de comparaître. En effet, s'il résulte de l'article 317, reproduit du Code de Brumaire que les témoins doivent déposer oralement, et si, d'après l'article 341, les dépositions écrites ne doivent pas être communiquées aux jurés, il est vrai aussi que l'empêchement du témoin donne à ses déclarations un caractère nouveau, et que, par suite, l'article 269 peut s'appliquer. Au surplus, tout le monde admet que les règles de la loi sont trop peu précises sur ce point, pour que leur violation puisse entraîner nullité. Le président peut donc faire à peu près toutes les lectures qu'il lui paraît bon, à la condition toutefois de ne pas violer le principe de l'oralité des débats. Il y aurait violation de ce principe et nullité, par exemple, si la déposition écrite avait été lue avant que le témoin, présent à l'audience, n'ait fait sa déclaration (7 sept. 1882. S. 82, 1, 438).

89. — Le président peut aussi procéder, en vertu de son pouvoir discrétionnaire, à l'interrogatoire de l'accusé. On peut s'étonner de l'existence de cette formalité qui n'est prescrite par aucun texte, qui est formellement défendue par la loi anglaise à laquelle notre jury a été emprunté, et que l'on retrouve cependant, presque sans exception, au début de chaque procès. Elle s'explique historiquement. L'interrogatoire placé au début de l'affaire, dit M. F. Hélie (n° 3543), est « un dernier vestige de la procédure « inquisitoriale, qui considérait l'interrogatoire défi- « nitif comme un élément nécessaire de la sentence ».

90. — La légalité de l'interrogatoire est aujourd'hui admise par tous, même par ceux qui en réprouvent l'usage. Il n'en a pas toujours été ainsi. On s'appuyait pour la contester sur les articles 319 et 327, qui permettent, le premier de demander après chaque déposition à l'accusé tous les *éclaircissements* nécessaires, le deuxième d'examiner avant, pendant ou après l'audition d'un témoin les accusés séparément sur *quelques circonstances* du procès. On déduisait de là que le droit du président consistait à demander des éclaircissements sur quelques points particuliers, et non à faire subir un interrogatoire général. Nous avons déjà dit que ces arguments ne paraissaient plus concluants à qui que ce soit. En effet, l'article 268 donne au président le droit de prendre sur lui tout ce qu'il croira utile pour découvrir la vérité. Le président peut donc prendre sur lui d'interroger l'accusé, et cette faculté n'est pas limitée par les articles 319 et 327 qui n'ont rien de prohibitif (1).

91.— Après la légalité, la légitimité de l'interrogatoire a été contestée. Cette formalité présente, en effet, à côté de sérieux avantages, de graves dangers. Les uns lui ont valu des partisans enthousiastes (Nouguier, n° 1691 et s.), les autres, des adversaires résolus (Garraud, *Précis*, n° 571).

Les inconvénients de l'interrogatoire sont multiples : *A*. Il peut perfidement suggérer des réponses : *B*. Il peut intimider l'accusé s'il est trop rude, encourager ses mensonges s'il est trop bienveillant : *C*. Il met très vivement en lumière les contradictions de l'ac-

---

(1) Nous négligeons de donner, en faveur de la légalité de l'interrogatoire, un argument tiré de l'article 405 : « L'*examen* de l'accusé commencera immédiatement après la formation du tableau. » En effet, le mot examen ne veut pas dire interrogatoire. Il désigne l'ensemble des actes à l'aide desquels la cour d'assises va rechercher la vérité.

cusé, moins facilement la concordance de ses réponses : etc. (v. Cubain, n° 436).

Les avantages de l'interrogatoire sont de présenter à la fois un excellent moyen d'instruction et
un excellent moyen de défense.

A. Un moyen d'instruction, car il fait, par sa
forme dramatique, mieux pénétrer l'objet de l'accusation dans l'esprit des jurés que toutes les lectures
ordonnées par la loi ; il sert à exposer ou, comme on
l'a dit, à *jalonner* l'affaire ; il précise les points contestés ; il permet de juger de l'attitude de l'accusé ; il
peut amener un aveu.

B. Un moyen de défense , en effet, grâce à lui, l'accusé est mis à même de présenter personnellement sa
défense. S'il est inhabile à la parole, les questions
le soutiennent, coordonnent ses explications, préci-
sent ses allégations etc.

92. — Telles sont, en résumé, les principales raisons données pour et contre la pratique actuelle. Si
nous avions à nous prononcer dans cette controverse d'ordre législatif, nous nous rangerions du
côté des partisans de l'interrogatoire (1). Il nous
semble, en effet, que la partialité du président qui est
l'argument principal des adversaires de l'interrogatoire, a dû, tout au moins, diminuer depuis que, par
suite de la suppression du résumé, il n'est plus,

(1) « Supprimer à cause des abus possibles quelque chose d'utile
« est un remède radical dont nous ne sommes guère partisan » dit
M. Ortolan n° 2297.

comme autrefois, une sorte de partie au procès. Il nous paraît également que l'intervention postérieure de l'avocat suffit à dissiper les préventions qu'un interrogatoire malveillant a pu inspirer au jury. Ce n'est donc pas, croyons-nous, au nom de la défense que l'on peut actuellement critiquer la pratique de notre jurisprudence, mais seulement au nom des principes. A ce point de vue, nous ne ferons nulle difficulté de convenir que « les présidents, qui sui- « vent ce mode de procéder dans toutes les affaires, « ne se sont pas rendus compte de la théorie de « notre Code, qui, s'il a maintenu le système de la « procédure inquisitoriale dans l'instruction écrite, « a appliqué, au contraire, à l'instruction orale de « l'audience les règles de la procédure accusa- « toire. » (F. Hélie, n° 3543).

93. — Bien qu'il ne soit pas formellement prévu par la loi, l'interrogatoire est soumis à certaines règles qui résultent soit des principes généraux, soit des textes de notre matière. Ainsi : 1° L'interrogatoire doit être public (publicité des débats) ; 2° il est facultatif pour le président (pouvoir discrétionnaire) et pour l'accusé qui peut se dispenser d'y répondre (liberté de la défense) ; 3° l'accusé doit répondre sans notes (oralité du débat) ; 4° le président seul peut ordonner l'interrogatoire (art. 268). Néanmoins, il peut se décharger sur un de ses assesseurs de la partie matérielle de la besogne.

94. — Afin d'atténuer les inconvénients du pouvoir discrétionnaire, qui introduit au milieu des débats des éléments nouveaux, des moyens de preuve que les parties n'ont pu prévoir, la loi dispose que les témoins ainsi appelés ne seront entendus qu'*à titre de simple renseignement*. Même valeur doit être, par analogie, accordée aux autres mesures ordonnées par le président en vertu de son pouvoir discrétionnaire. Cette restriction apportée à leur force probante est d'ailleurs assez illusoire, les jurés ne faisant, en pratique, aucune distinction entre les renseignements et les preuves. Elle a de plus, en ce qui concerne les témoins, un résultat très fâcheux. Pour arriver, en effet, à ne faire considérer leurs déclarations que comme renseignements, il fallait ordonner qu'ils ne prêteraient pas serment, c'est ce qu'a fait l'article 269 (1). Mais le résultat de cette règle est, tout simplement, de conférer aux témoins, appelés en vertu du pouvoir discrétionnaire, le privilège de mentir en justice sans craindre aucune peine, leurs déclarations gardant la même force aux yeux des jurés. Le but de la loi se trouve donc manqué.

95. — Pour éviter, autant que possible, aux jurés la confusion, déjà signalée, entre les renseignements et les preuves, il est nécessaire que le président

---

(1) On ne peut donc admettre, avec la jurisprudence, que les témoins appelés en vertu du pouvoir discrétionnaire peuvent prêter serment sous prétexte que c'est une garantie de plus. En effet le serment donne à la déposition une créance que la loi lui refuse.

donne un avertissement au jury. D'après la jurisprudence, l'existence de cet avertissement doit être présumée, car il est à croire que le président a bien rempli ses fonctions, et même, l'avertissement fut-il omis, aucune nullité ne résulterait de cette omission, car aucun texte ne la prononce (18 janv. 1855, Bul. 14). Il ne nous parait pas que cette manière de voir soit admissible ; la loi veut que les mesures ordonnées en vertu du pouvoir discrétionnaire ne servent au débat qu'à titre de renseignements. C'est donc léser le droit de la défense que les produire à titre de preuves. Or elles sont produites à ce titre toutes les fois que le jury ne reçoit aucun avertissement puisqu'il ignore la loi. En conséquence, il y a nullité, pour violation des droits de la défense, toutes les fois que l'avertissement n'a pas été donné. Tout ce que l'on peut concéder à la jurisprudence, c'est qu'il est permis de présumer, jusqu'à preuve contraire, que l'avertissement a été donné.

Attributions de la cour

96. — Pendant les débats, la cour exerce, ainsi que nous l'avons dit, le *pouvoir de juridiction*. Elle statue en outre sur *tous les cas dont la loi lui a formellement attribué la connaissance.*

97. — En vertu de son pouvoir de juridiction la cour intervient toutes les fois qu'il est question de *juger*, c'est-à-dire : 1 lorsqu'il s'élève un *incident* *contentieux* ; 2° lorsqu'il est fait *opposition à une ordonnance du président* ; 3° lorsqu'il y a lieu de prononcer une *peine*.

98. — On appelle incident contentieux, toute question que soulèvent les réquisitions du procureur général, ou les conclusions écrites des parties. La compétence de la cour résulte de divers textes (art. 276, 278, 408, etc.), que l'on généralise. Elle statue par arrêt, les parties entendues, à peine de nullité.

99. — Les oppositions aux ordonnances du président sont des incidents contentieux qui rentrent, à ce titre, dans les attributions de la cour. Ces oppositions pouvant amener soit la confirmation, soit la réformation des ordonnances du président, il en résulte que la cour devient, par rapport au président, une sorte de juridiction supérieure. Mais il faut remarquer que, le pouvoir discrétionnaire étant incommunicable, la cour ne peut pas plus l'exercer sur opposition que spontanément. En conséquence, saisie de réquisitions ayant trait à l'exercice du pouvoir discrétionnaire, la cour ne doit statuer que pour déclarer son incompétence.

100. — Lorsqu'il y a lieu de prononcer une condamnation, la cour doit également intervenir. C'est ainsi que nous l'avons déjà vu condamner à l'amende le juré défaillant ou qui refuse le service (art. 396. Loi 21-24 nov. 1872), et le témoin défaillant ou qui refuse de prêter serment ou de déposer (art. 355) (1). C'est ainsi encore, que la cour condamne aux peines de l'article 86 le médecin qui a donné à un témoin un certificat de complaisance, pour le dispenser de déposer. C'est ainsi, enfin, que la connaissance des *délits d'audience* est attribuée à cette juridiction.

101. — Le délit, commis à l'audience, peut être imputable soit à l'accusé, soit à un tiers. Dans les deux cas, audience tenante et sans désemparer, la cour procède au jugement de l'infraction, selon les formes ordinaires, et applique soit les peines de l'article 11 de la loi du 9 septembre 1835, s'il s'agit de réprimer une *rébellion* (tumulte causé à l'effet d'empêcher le cours de la justice), soit les peines prévues par le Code pénal, s'il s'agit d'un délit ordinaire (art. 504 et 508). L'article 508 exigeait pour la condamnation, en cas de crime flagrant, une majorité spéciale. Depuis la loi du 4 mars 1831, qui a réduit à trois les membres de la cour d'assises, on admet qu'il suffit de la majorité de deux voix.

Les pouvoirs donnés à la cour en cas de crime flagrant sont extraordinaires. Le Code de Brumaire ne les admettait pas et prescrivait le renvoi du délinquant devant les magistrats instructeurs. De nos

(1) Si, par suite du refus de serment, le renvoi de l'affaire est jugé nécessaire, il semble que l'accusé ait le droit de saisir la cour d'une demande en dommages-intérêts, fondée sur le préjudice que lui cause cet ajournement, à la condition que la cour soit saisie en même temps de l'action publique et de l'action civile. (v, D. 1882, 1, 388. *Contra Journal du droit criminel*. art. 10895).

jours, on a reproché à l'article 508 de faire statuer *ab irato*. On a ajouté que, s'il était admissible en matière de crimes *contre* la cour, il ne l'était plus lorsqu'il s'agissait de tout autre délit commis simplement *devant* elle.

102. — La cour d'assises statue également sur les cas dont la loi lui a spécialement attribué la connaissance. Parmi eux, il en est qui méritent un examen spécial, ce sont : les *troubles d'audience*, le *huis-clos*, les *renvois*, les *oppositions à l'audition d'un témoin* ; nous allons en dire quelques mots.

103. — Le trouble causé à l'audience par l'accusé, pour empêcher le cours de la justice, n'est prévu que depuis la loi de 1835 dont nous avons déjà parlé. Son article 10 permet de faire retirer de l'audience et de reconduire en prison l'accusé qui, par tout moyen propre à causer du tumulte, met obstacle au libre cours de la justice. Cette expulsion est une grave dérogation au principe que le débat doit être oral et contradictoire. Aussi, le législateur a-t-il exigé pour la prononcer : 1° l'intervention de la cour ; 2° l'impossibilité de procéder autrement, ainsi qu'il résulte des travaux préparatoires. Après l'expulsion, la procédure déjà indiquée à propos de l'accusé qui refuse de comparaître est faite par les soins du greffier, et le procès est réputé jugé contradictoirement.

104. — Le huis-clos, fort pratiqué dans l'ancien droit, fut prohibé par la constitution de 1791, en exécution du décret du 24 août 1790, qui mettait le principe de la publicité des audiences au nombre des libertés « dont on avait hâte de faire jouir la nation ». Il fut rétabli, en matière civile, par l'article 87 Pr. C., en matière criminelle, par les deux chartes et les constitutions de 1848 et 1852, qui, tout en proclamant de nouveau le principe de la publicité des débats, permettent cependant d'y déroger en certains cas.

105. — Le texte fondamental en matière de huis-clos est l'article 81 de la constitution de 1848, ainsi conçu : « Les débats seront publics, à moins que la « publicité ne soit dangereuse pour l'ordre et « les mœurs, et, dans ce cas, le tribunal le déclare « par un jugement ».

106. — De cet article 81 et de l'esprit évident du législateur, il résulte que le huis-clos est une mesure exceptionnelle, dérogeant au principe général de publicité. De là, on a déduit les règles suivantes.

1° Le huis-clos ne peut être ordonné que par un arrêt motivé, et rendu publiquement à peine de nullité. — Un arrêt, car l'article 81 l'exige ; motivé, car il est naturel que la cour explique la dérogation qu'elle admet ; rendu publiquement, car le principe de publicité doit s'appliquer tant que l'exception que l'arrêt a pour but de créer n'existe pas (3 janv. 1880, S. 80, 1, 285).

2° Le huis-clos ne peut être ordonné que dans les cas spécialement prévus par la loi, c'est-à-dire si la publicité est dangereuse pour l'ordre ou les mœurs. La cour apprécie d'ailleurs souverainement le danger.

3° Le huis-clos peut être ordonné pour une partie des débats, ou sans aucune restriction. Au premier cas, cette mesure doit être strictement enfermée dans les limites de l'arrêt. Au deuxième cas, elle s'étend à tous les débats, mais c'est là une étendue maxima qu'elle ne saurait dépasser (arg. art. 81). Pendant les débats, même, les arrêts incidents, qui n'en font pas partie, doivent être rendus portes ouvertes (20 mai 1882. S. 83, 1, 95).

107. — Le renvoi de l'affaire à une autre session peut être ordonné par la cour en trois hypothèses : 1° Lorsqu'un témoin qui aura été cité ne comparaîtra pas (art. 354) (1) : 2° Si, d'après les débats, la déposition d'un témoin paraît fausse (art. 330, 331) : 3° Si, par quelque événement, le renvoi est jugé nécessaire (art. 406). On s'est demandé si cet événement n'était pas l'un de ceux prévus par les articles 330 et 354 précités. Cette interprétation semble résulter du texte de l'article 406, qui n'a pas pour objet d'énoncer des causes de renvoi. Néanmoins, comme rien n'indique que l'article 406 se réfère seulement aux hypothèses des articles 330 et 354, comme d'autre part le texte de ces articles n'est pas limitatif, on peut admettre avec la juris-

(1) Dans ce cas, le témoin est condamné aux frais du renvoi, et l'arrêt ordonne qu'il sera amené par la force publique, pour être entendu (art. 355).

prudence que des mots « si par quelque événement »
il résulte que tout événement légitime un renvoi, si
cette mesure est indispensable à la manifestation de
la vérité.

108. — Le renvoi peut être ordonné sur les réquisitions des parties, ou d'office par la cour. Cette
disposition, écrite en l'article 330, n'a été étendue
qu'après résistance par la jurisprudence à l'hypothèse de l'article 354. On se fondait sur ce que l'article 354 ne donne le droit de réquisition qu'au
procureur général et ne parle pas du renvoi d'office.
Mais il n'y a pas de raison de distinguer ; de plus
le silence de la loi n'exclut pas le droit de l'accusé ;
enfin toute juridiction est maîtresse d'ordonner la
production des pièces nécessaires pour éclairer sa
religion, et, par suite, de surseoir. Aussi notre règle
n'est-elle plus contestée (1).

109. — La cour apprécie souverainement la cause
de renvoi, et cette appréciation peut l'amener à
prendre l'un des trois partis suivants : renvoyer
à une autre session ; renvoyer à un autre jour de
la session ; passer outre aux débats.

Le renvoi à un autre jour de la session n'est pas
formellement autorisé, mais on le déduit par *a fortiori*
du droit de renvoi à une autre session. Mais l'exercice du droit de récusation pouvant être gêné par

(1) Il est convenable que le président mette les parties en demeure
d'exercer leur droit de réquisition, mais ces interpellations ne sont
pas obligatoires.

ce renvoi, il n'est admissible que si les parties y consentent.

La faculté de passer outre aux débats résulte du mot *pouvoir* des articles 354 et 331. La cour doit en user, dans le cas de l'article 406, toutes les fois qu'il ne sera pas absolument nécessaire de surseoir. En effet, les hypothèses des articles 331 et 354 montrent qu'un événement mettant un obstacle sérieux à la manifestation de la vérité peut seul légitimer le renvoi.

Le renvoi doit être prononcé par arrêt, car c'est une grave dérogation à la règle de la continuité de la procédure.

110. — La cour statue enfin sur l'opposition des parties, à l'effet d'empêcher de déposer un témoin *non notifié* ou *exclu par la loi*. Cette opposition se manifeste, dans les deux cas, par des conclusions ou même par de simples observations, mais les règles qui régissent l'une et l'autre hypothèse sont un peu différentes. Nous croyons devoir pour ce motif les examiner séparément.

111. — 1° Opposition fondée sur un défaut de notification. — Cette opposition ne se supplée pas. En règle donc, s'il ne se produit pas d'opposition, les témoins non notifiés, ou irrégulièrement notifiés, doivent être entendus sous serment à peine de nullité. Cette règle a fait difficulté ; on l'a contestée en se fondant sur le texte de l'article 315 qui ne permet de porter sur la liste des témoins à entendre que ceux dont les noms ont été notifiés. D'où l'on déduisait que les autres ne pouvaient être entendus, même en l'absence d'opposition. Ce raisonnement paraissait corroboré par ce fait que l'article 305 § 4 ne s'occupe d'ouvrir le droit d'opposition que lorsque la notification de la liste a été *irrégulière* (omission d'un témoin, indications irrégulières). Or, si le droit d'opposition n'est donné que dans cette hypothèse spéciale, cela ne peut être que parce qu'en cas d'*absence totale* de notification de la liste, les témoins ne peuvent jamais être entendus.

On répond à ce raisonnement : *A*. Que notre article 315 permet d'entendre *un* témoin non notifié, sauf le cas d'opposition, et qu'on ne voit pas pourquoi il n'en serait pas de même lorsque le défaut de notification a porté sur plusieurs ou sur tous ; *B*. Qu'il n'y a pas de bonnes raisons pour empêcher les témoins non notifiés de déposer, les droits des parties étant sauvegardés par la faculté d'opposition.

112. — La possibilité d'entendre les témoins non notifiés reconnue, on a été amené à exiger leur audition sous serment à peine de nullité, sauf le cas d'opposition. En effet, les témoins non notifiés ayant reçu une citation sont témoins de par elle. Le défaut de notification ne leur fait pas perdre cette qualité, puisqu'il n'en résulte qu'un droit d'opposition pour les parties. Par suite, sauf opposition, ces témoins doivent être entendus d'après les règles de l'article 317, c'est-à-dire sous serment à peine de nullité. Ils ne peuvent donc être entendus en vertu du pouvoir discrétionnaire.

113. — L'opposition se manifeste ordinairement dès que le témoin se présente. La cour de cassation a même décidé que toute opposition postérieure au serment était tardive, le vice résultant de l'irrégularité dans la notification étant présumé couvert. D'autres appliquent, au contraire, la théorie admise au sujet de l'audition des incapables que nous verrons plus bas. En tous cas, il est bon que le président mette les parties en demeure d'exercer leur droit.

114. — La cour, saisie d'une opposition, peut : la rejeter, l'admettre purement et simplement, l'admettre, mais ordonner en outre le renvoi de l'affaire. En tous cas, l'intervention de la cour est obligatoire, même en cas d'adhésion de toutes les parties, pour exclure le témoin cité (art. 315).

115. — 2° Opposition fondée sur une cause d'exclusion. — Cette opposition peut être formée par toutes les parties, et, au contraire de la précédente, elle se supplée. Ainsi, la cour et le président peuvent d'office écarter les témoins incapables, leurs dépositions étant *prohibées* par l'article 322.

116. — L'opposition précède ordinairement le serment; mais, l'article 322 permettant aux parties de s'opposer à ce que les personnes qu'il désigne soient *entendues*, mot qui évidemment se réfère à la déposition proprement dite, on en déduit : *A*. Que l'opposition est possible jusqu'au début de la déposition, *B*. Que l'opposition est possible lors d'une deuxième déposition, encore qu'aucune objection n'ait été faite à la première. Mais il faut remarquer qu'en ce cas l'opposition ne rétroagit pas, l'opposant étant censé avoir reconnu à l'incapable une qualité qu'il n'a pu perdre par suite d'une réclamation tardive.

La juridiction compétente pour écarter la déposition de l'incapable est, dans tous les cas, la cour qui, lorsqu'aucune contestation ne s'élève, peut tenir l'incapacité pour suffisamment établie par suite de l'absence de réclamations.

117. — Les règles qui précèdent n'indiquent pas absolument toutes les attributions de la cour. Pour être complet sur ce point, il faut ajouter que toute question qui se présente, toute mesure qu'il convient de prendre, compète, sauf texte formel, à la cour. Le jury n'a, en effet, ainsi que nous le verrons, rien à décider en ce qui concerne l'instruction de l'affaire. Il ne peut donc y avoir de conflit sur ce point qu'entre le président et la cour ; or, le président étant une juridiction extraordinaire, il en résulte que, faute de texte, c'est la cour qui doit statuer (1). En conséquence de cette règle, la

(1) On admet même qu'en règle générale la cour peut statuer sur

jurisprudence décide que c'est à la cour d'ordonner les *transports, vérifications* et *expertises* qui lui paraissent nécessaires à éclairer sa religion. Néanmoins, rien n'empêcherait le président d'ordonner de telles mesures en vertu de son pouvoir discrétionnaire ; il faut seulement remarquer que ces mesures ne pourraient alors apporter aux débats que de simples renseignements.

118. — Il est une catégorie d'incidents dont nous n'avons pas parlé jusqu'ici, son importance nous ayant paru lui mériter une place spéciale. C'est la matière des *exceptions* que nous allons maintenant examiner.

119. — On peut diviser les exceptions qui sont présentées aux cours d'assises, en quatre catégories : 1° *les exceptions fondées sur une nullité de procédure ;* 2° *les exceptions d'incompétence* ; 3° *les exceptions préalables ;* 4° *les exceptions tendant à faire déclarer l'action actuellement non recevable.*

120.—1° Aucune exception fondée sur une nullité de la procédure, et tendant à son annulation, ne peut être proposée devant la cour d'assises. En effet, d'une part, la connaissance des nullités appartient à la cour de cassation, et par suite la cour d'assises est incompétente pour en connaître, d'autre part, ces nullités sont couvertes par le défaut de pourvoi contre l'arrêt de renvoi.

toutes les mesures qui sont formellement attribuées au président, car c'est une garantie de plus, pourvu qu'elle ne s'ingère pas dans l'exercice du pouvoir discrétionnaire.

121. — 2º Les exceptions d'incompétence peuvent-elles être proposées devant la cour d'assises ? Sur ce point, il y a controverse.

122. 1ère opinion. — Aucune exception d'incompétence ne peut être proposée devant la cour d'assises. En effet : — *A*. L'article 251 porte qu'il sera tenu des assises dans chaque département pour juger *les individus que la chambre d'accusation y aura renvoyés*. D'autre part, l'article 271 déclare que le procureur général poursuivra devant elles *toute personne mise en accusation* suivant les formes prescrites. La loi ne distingue pas entre les individus renvoyés à tort devant la cour d'assises et ceux que la chambre d'accusation y a renvoyés a bon droit. Tout au contraire, elle parle de *tous* et pose pour tous la même règle. Par suite, tout individu renvoyé devant la cour d'assises doit être jugé par elle, sans que la cour puisse se dessaisir d'office ou admettre une exception fondée sur l'incompétence. — *B*. L'article 365 nous dit que, même dans le cas où d'après les débats le délit se trouve n'être plus de la compétence de la cour d'assises, la cour doit prononcer la peine. Il résulte de cet article que la cour n'est pas incompétente *ratione materiæ* pour connaître des simples délits et des contraventions. Par suite, elle ne peut se dessaisir d'office, ni admettre une exception d'incompétence soulevée au cours des débats. Pourrait-elle admettre cette même exception si on la pro-

posait *in limine litis*? Pas davantage, car la cour
d'assises est saisie par un arrêt de renvoi qui a force
de chose jugée puisque l'accusé a été mis en demeure
de se pouvoir contre les causes de nullité qu'il pouvait renfermer, et que, ne l'ayant fait, il s'est laissé
forclore (art. 296, 299, 416).

123. — 2ᵉ opinion. — Les exceptions d'incompétence peuvent être proposées devant la cour d'assises, au moins *in limine litis*, et la cour d'assises qui
reconnaît son incompétence avant l'ouverture des
débats peut se dessaisir d'office. En effet : — *A.* Les
articles 251 et 271 n'ont pas pour but de trancher
une question de compétence. Le premier n'a d'autre but que d'organiser la juridiction criminelle, le deuxième est destiné seulement à indiquer les fonctions
du procureur général .Ces deux articles se réfèrent,
comme il est naturel, au cas où un individu a été renvoyé *à juste titre* devant la cour d'assises, et ils disent:
l'article 251, que la cour d'assises le jugera, l'article 271, que le procureur général le poursuivra. Il n'y
a à tirer de ces textes, aucun argument. — *B.* Toute
juridiction doit, de droit commun, statuer exclusivement sur les faits qui sont de sa compétence *ratione
materiæ* et par suite se dessaisir, d'office ou sur la
demande des parties, lorsqu'elle constate son incompétence. Cette règle générale est tenue en échet par
l'article 365 dans le cas ou, *d'après les débats*, le fait
se trouve n'être plus de la compétence de la cour

d'assises, mais il est visible que ce texte est exceptionnel et doit, par suite, être restrictivement interprété. En conséquence, la cour d'assises peut se dessaisir d'office *in limine litis* et aussi faire droit à une exception d'incompétence présentée au même moment. — *C*. On ne peut tirer aucun argument de ce que l'accusé a perdu le droit de se pourvoir en nullité contre l'arrêt de renvoi. En effet, tout le monde admet, même la jurisprudence qui suit le premier système, que l'arrêt de renvoi est simplement *indicatif* et non *attributif* de juridiction, lorsqu'il saisit un tribunal autre que la cour d'assises. On ne voit pas pourquoi il n'en serait pas de même — hors le cas de l'article 365 — lorsqu'il saisit la cour d'assises, dès lors tout ce que l'on peut conclure du défaut de pourvoi contre l'arrêt d'accusation, c'est que la cour d'assises est irrévocablement investie du droit de statuer sur le procès si elle est compétente, et de se dessaisir si elle ne l'est pas.

124. — Nous nous rangeons sans hésiter au nombre des partisans du premier système. Il nous parait, en effet, que la cour d'assises est, dans l'esprit de la loi, la juridiction de droit commun en matière criminelle. Si ses attributions sont limitées au jugement des crimes, ce n'est pas, comme on l'a fort bien dit, « par défaut de pouvoir, mais pour « ne pas embarrasser son prétoire de faits minimes » (F. Hélie n° 3070). En conséquence, dès que, par un accident quelconque, la cour d'assises est saisie d'un délit quelconque, elle doit le juger. L'article 365 n'est pas une exception, mais bien une application de cette règle générale.

125. — 3º Les exceptions préalables ou, comme on disait autrefois, les *fins de non-recevoir*, qui ont pour but de faire prescrire l'action sans passer par l'examen du fond, telles que l'exception de *chose jugée* de *prescription*, *d'amnistie* peuvent être proposées devant la cour d'assises même lorsqu'elles ont été invoquées devant la chambre d'accusation et repoussées pour elles. En effet, on ne saurait admettre que les juridictions d'instruction puissent obliger les juridictions de jugement à connaître d'un fait qui ne donne pas ou ne donne plus ouverture à l'action publique. Les exceptions préalables forcent donc la cour à statuer dès qu'elles sont proposées ; si elles sont admises, elles arrêtent la poursuite à quelque point qu'elle soit parvenue, sans que le juge puisse examiner la culpabilité de l'accusé.

126. — 4º Les exceptions tendant à faire déclarer l'action publique actuellement non recevable peuvent se diviser en trois catégories.

127. — 1º Les *exceptions qui se fondent sur ce que, malgré le délit, l'action publique n'est pas encore née* ; telles seraient les exceptions excipant d'un *défaut de plainte* de la partie lésée, en cas de poursuite pour rapt, pour délit de fournisseur de l'État etc. On s'est demandé si de telles exceptions ne sont pas couvertes par le défaut de pourvoi contre l'arrêt du renvoi ; il est évident que non. Dans les actions dont nous parlons, en effet, l'existence de l'action publique est subordonnée à l'arrivée d'un événement postérieur et incertain qui forme une véritable condition suspensive. Par suite, à défaut, par exemple, de plainte préalable, il n'y a pas d'action publique née, et le tribunal ne peut statuer sur elle, encore qu'il soit saisi par un arrêt de renvoi.

128. — 2º Les *exceptions qui se fondent sur ce que l'action publique, née du délit, est suspendue quant à son exercice*. Telle serait l'exception; excipant d'un *défaut d'autorisation* de la Chambre, dans une poursuite criminelle exercée contre un député, pendant la session. Cette exception ne serait pas plus couverte que la précédente par un défaut de pourvoi contre l'arrêt d'accusation.

129. — 3º Les *exceptions préjudicielles*, sur lesquelles nous devons particulièrement insister.

130. — Certains délits supposent un fait antérieur et distinct, dont la preuve peut être faite séparément, et dont l'appréciation est une condition indispensable de la poursuite ou du jugement. Par exemple, le délit de suppression d'état ne pourra être déclaré constant et puni, que lorsque, en premier lieu, on aura établi l'existence de l'état que l'on prétend supprimé, que lorsque, en second lieu, on aura établi la suppression de cet état préalablement reconnu existant. De même, le délit d'abus de dépôt ne pourra être reconnu constant et puni, que si d'abord on établit l'existence du dépôt, et, en second lieu, la violation de ce dépôt dont l'existence aura été préalablement reconnue.

Normalement, les deux questions que supposent les délits complexes dont nous parlons, sont résolues par le même juge. En effet, comme le dit fort bien M. Ortolan (n° 2122) : « tout juge, saisi d'une « question à résoudre, est saisi par cela seul de tou- « tes les opérations de raisonnement nécessaires « pour arriver à son but, et, par conséquent, de toutes « les questions qui peuvent s'enchaîner successive- « ment comme autant d'éléments logiques de celle qui « lui est soumise ». C'est ce qu'on exprime en disant « que *le juge de l'action est juge de l'exception.* » Par dérogation à ce principe, il peut arriver que la connaissance de la question dont dépend l'existence, ou tout au moins la punition de l'infraction, soit attribuée à une autre juridiction. En ce cas, la question enlevée au tribunal criminel est dite *préjudicielle,* et l'accusé peut opposer à l'action publique ce qu'on appelait autrefois une *fin de non procéder,* ce qu'on appelle aujourd'hui une *exception préjudicielle,* dont l'effet est de faire surseoir jusqu'à la vérification du point préjudiciel.

131. — Les questions préjudicielles étant des exceptions à la règle que le juge de l'action est juge de l'exception, il en résulte que l'exception préjudicielle ne peut être proposée que dans deux catégories de cas : Ou lorsque la question préjudicielle est de la compétence d'une autorité tellement séparée du pouvoir judiciaire qu'il n'est jamais permis à ce pouvoir d'entreprendre sur une telle séparation : Ou, si la question préjudicielle est de la compétence judiciaire, lorsqu'un texte formel vient l'enlever à la juridiction pénale, et en attribue la connaissance à la juridiction civile.

132. — Dans la première catégorie d'hypothèses rentrent ce qu'on appelle les *questions préjudicielles administratives*, qui donnent naissance aux *exceptions préjudicielles administratives*. S'il s'élève dans un procès pénal une question dont la solution appartient exclusivement à l'autorité administrative, et si l'appréciation de cette question est une condition indispensable de la poursuite ou du jugement, la juridiction criminelle, à cause du principe de la séparation des pouvoirs, ne peut statuer sur cette difficulté préalable. Elle doit surseoir et renvoyer les parties se pourvoir devant l'autorité administrative.

133. — Dans la deuxième catégorie d'hypothèses rentrent ce qu'on appelle les *questions préjudicielles civiles*, qui donnent lieu aux *exceptions préjudicielles civiles*. Ces questions peuvent se diviser en deux classes ; celles qui sont *préjudicielles à l'action*, celles qui sont *préjudicielles au jugement*. Nous les examinerons séparément.

134. — Des exceptions préjudicielles à l'action peuvent être, sinon admises par la cour, au moins proposées devant elle avec quelque raison, en deux cas : 1° En matière de *suppression d'état* : 2° En matière de *banqueroute*.

135. — 1° En matière de suppression d'état. En effet, l'article 327 du Code civil nous dit que l'action criminelle contre un délit de suppression d'état ne pourra commencer qu'après le jugement définitif sur la question d'état, qui, aux termes de l'article 326, appartient au tribunal civil. En conséquence, lorsque la cour d'assises sera saisie d'une poursuite pour crime de suppression d'état, si cet état n'a pas été vérifié par un tribunal civil antérieurement à la poursuite, la cour doit se dessaisir soit d'office, soit sur l'exception préjudicielle, présentée par les parties.

136. — L'existence d'une question préjudicielle en matière de suppression d'état a été admise par deux motifs : *A*. On n'a pas voulu que les questions, souvent fort délicates, que soulèvent de telles poursuites, fussent portées devant les tribunaux sans le consentement des intéressés. *B*. Le législateur a craint que l'on ne se servît de l'action criminelle pour violer indirectement le principe qui défend de prouver la filiation par témoins, sans commencement de preuve par écrit, ou du moins sans présomptions graves de nature à y suppléer (art. 323 Cod. civ.). Cette crainte, remarquons-le, est évidemment chimérique, puisqu'il est de principe que les règles sur la preuve dépendent des faits à prouver, et non de la nature des juridictions saisies de ces faits (1).

137. — L'article 327 étant, comme nous l'avons dit, une exception au principe que le juge de l'action est juge de l'exception, il faut l'interpréter d'une manière restrictive. En conséquence, l'exception préjudicielle qui en résulte ne doit être admise qu'aux conditions suivantes :

A. Il faut qu'elle soit proposée dans une poursuite pour délit de suppression d'état. La loi, en effet, ne vise que cette hypothèse. Le délit de suppression d'état n'est d'ailleurs pas un délit *sui generis*. Il faut entendre par ces mots tous les faits, délictueux en eux-mêmes, ayant pour effet de priver une personne de la preuve légale de son état soit en l'empêchant d'acquérir cette preuve, soit en lui enlevant la preuve acquise.

B. Il faut que l'état supprimé soit un état de

____

(1) Dans l'ancien droit, la preuve testimoniale était admise, en toute matière, devant les juridictions criminelles. Pour éviter qu'un particulier ne fît juger une action en réclamation d'état sous couleur d'action criminelle, on avait admis que les juges, dès qu'ils s'apercevaient d'une fraude, devaient renvoyer les parties se pourvoir devant les tribunaux civils (v. Trébutien. *Cours élém. de droit crim.* n° 226).

filiation légitime ou naturelle. De filiation, car les articles 326 et 327 sont placés dans le chapitre intitulé : Des preuves de la filiation. Mais il importe peu que cette filiation soit légitime ou naturelle, car la loi ne distingue pas entre ces deux hypothèses.

C. Il faut que la poursuite soulève si directement la question d'état qu'elle la préjuge. En effet, le but de l'article 327 est d'empêcher la juridiction criminelle de préjuger la question d'état. En conséquence, l'exception préjudicielle ne pourra être soulevée à l'occasion de poursuites pour infractions qui impliquent bien suppression d'état, mais où le fait délictueux n'est pas inséparablement lié à la question de filiation, de telle sorte que la filiation d'une personne déterminée n'est pas mise en question : par exemple, en matière de destruction de registres de l'état civil. L'exception ne pourra être proposée non plus à l'occasion de poursuites pour délits qui s'attaquent plutôt à la personne qu'à l'état de l'enfant : par exemple, en matière d'exposition d'enfant. L'exception pourra être soulevée, au contraire, à l'occasion de poursuites pour faux, commis dans l'acte de naissance sur les registres de l'état civil, dans le but de supprimer la filiation.

138. — 2° En matière de banqueroute, la question de savoir s'il existe ou non une question préjudicielle est controversée. La banqueroute est, en effet, l'état d'un *commerçant failli* qui a commis une faute ou un dol. En cas de poursuite pour banqueroute avant que la qualité de commerçant et l'état de faillite aient été constatés par un tribunal de commerce, on peut se demander s'il est possible à l'accusé d'opposer une exception préjudicielle, à l'effet de faire surseoir jusqu'à ce que la question civile ait été tranchée.

139. — En faveur de l'affirmative, on fait valoir que les articles 459 et 483 du Code de commerce donnent au ministère public le droit d'intervenir dans la faillite, mais après sa déclaration, et qu'il eut été bien inutile de lui donner ce droit, s'il avait eu auparavant le droit de poursuivre pour banqueroute le négociant non encore déclaré failli. On invoque, en outre, des considérations d'utilité : la difficulté qu'il y a pour le jury à rechercher si un homme est commerçant et failli : le danger qu'il y a à permettre au ministère public de fouiller, à tout propos, dans les affaires d'un commerçant non encore déclaré failli : l'inconvénient qu'il y_a à faire statuer la juridiction criminelle sur une question que le tribunal de commerce tranchera, peut-être, le lendemain en sens opposé.

140. — Malgré ces raisons, nous ne croyons pas que le banqueroutier puisse opposer une exception préjudicielle. Remarquons, en effet, que le jugement déclaratif de faillite ne crée pas la faillite ; il se borne à la constater. L'état de faillite existe par le seul fait de la cessation des payements ; par suite, la juridiction répressive peut constater l'existence de cet état, comme elle constate l'existence des autres éléments constitutifs du délit, à moins qu'un texte formel ne vienne lui en enlever la connaissance. Or, ce texte n'existe pas. On cite, il est vrai, les articles 459 et 483, mais ces articles ne prouvent rien car ils ne font que donner au ministère public un droit de surveillance sur la faillite, à partir d'un certain moment. De là à créer, ou même à supposer, une question préjudicielle il y a loin (sic. 23 déc. 1880. S. 82, 1, 435).

141. — Des exceptions préjudicielles au jugement peuvent être proposées devant la cour d'assises, lorsque la répression du délit poursuivi n'est possible qu'après la solution d'une question dont l'appréciation est une condition indispensable du jugement de ce délit. Cette question, et par suite l'exception à laquelle son existence donne lieu, peut se rattacher à l'une quelconque des diverses catégories d'intérêts qu'embrasse le droit civil : à l'*état des personnes* : aux *conventions* : aux *droits réels mobiliers* : aux *droits réels immobiliers*. Nous allons, pour plus de clarté, diviser les exceptions préjudicielles en catégories correspondantes aux catégories d'intérêts auxquels elles se rattachent, et nous nous demanderons, à propos de chacune d'elles, si la cour d'assises peut, faisant droit à l'exception préjudicielle qu'on lui pro-

pose, renvoyer les parties devant une autre juridiction, pour faire juger la question préjudicielle, avant
de statuer sur l'affaire dont elle est saisie.

142. — 1° *Exceptions préjudicielles se rattachant
à l'état des personnes.* Elles peuvent se fonder sur
l'existence d'une question de *nationalité*, de *filiation*,
de *mariage*, qui doit être résolue avant le jugement
du délit, et que l'accusé prétend devoir être portée
devant une autre juridiction. Par exemple, l'accusé de
crime qui ne peut être puni que contre un Français
prétend qu'il n'est pas Français ; l'accusé de parricide
prétend qu'il n'est pas le fils de la victime ; l'accusé
de suppression d'état d'époux dit que l'état d'époux
prétendu supprimé n'a été établi par aucune action
en réclamation d'état préalable ; l'accusé de bigamie
prétend que l'un de ses deux mariages est entaché
de nullité ; et il demande que la question de nationalité, de filiation, l'action en réclamation d'état d'époux
ou en contestation d'état d'époux soient portées devant
le tribunal civil pour qu'il y soit préjudiciellement
statué, et qu'il soit pour ce motif sursis au jugement
du crime qui lui est imputé. Dans toutes ces hypothèses, et autres analogues, il est certain que l'exception préjudicielle doit être repoussée et que le tribunal
de répression est compétent pour examiner la question à trancher préalablement au jugement.

143. — En ce qui concerne la question de nationalité, en effet, il faut remarquer qu'aucun texte ne

la rend préjudicielle. Par suite, il faut décider, conformément à notre principe général, que le tribunal de répression doit en connaître, comme il connaît de l'existence de tous les éléments constitutifs du délit qui lui est soumis (7 déc. 1883. D. 84, 1, 211).

144. — En ce qui concerne la question de filiation la même règle doit être admise pour les mêmes motifs, et ce malgré l'article 326 du Code civil, qui ne dit pas que les tribunaux civils seront seuls compétents pour statuer sur les *questions d'état*, mais qui dit seulement que les tribunaux civils sont seuls compétents pour statuer sur les *réclamations d'état* de filiation.

145. — En ce qui concerne l'action en réclamation d'état d'époux notre règle s'applique encore, et ici nous avons un texte pour confirmer les principes généraux. L'article 198 du Code civil nous dit, en effet, que la preuve d'une célébration légale du mariage se trouve acquise par le résultat d'une procédure criminelle. La juridiction criminelle est donc compétente pour juger l'action en réclamation d'état d'époux.

146. — En ce qui concerne l'action en contestation d'état la même règle doit être appliquée, d'après nous, en vertu de notre principe général. Néanmoins cette solution est contestée, spécialement en matière de *bigamie*.

147. — En matière de bigamie l'accusé peut prétendre que l'un ou l'autre de ses deux mariages est *inexistant*, ou bien que l'un ou l'autre de ses deux mariages est *nul*.

148. — Lorsque l'accusé prétend que l'un ou l'autre de ses deux mariages est *inexistant*, il est hors de doute que toute exception préjudicielle tendant à faire juger au civil la question d'*existence* du mariage doit être repoussée, et que la juridiction répressive est compétente pour statuer incidemment sur la question d'état. En effet, l'article 198 du Code civil supposant que « la preuve d'une célébration légale du « mariage se trouve acquise par le résultat d'une pro- « cédure criminelle », il est bien évident que la preuve de cette célébration légale, autrement dit que l'*existence* du mariage, peut être constatée par la juridiction répressive.

149. — Lorsque l'accusé prétend que l'un ou l'autre de ses deux mariages est *nul*, tout en reconnaissant *l'existence*, une exception préjudicielle, tendant à faire juger par le tribunal civil la question de *validité* du mariage, doit-elle être repoussée ? Il y a trois opinions principales :

150. — 1re opinion. — L'exception préjudicielle doit être admise, et le tribunal civil doit, en tous cas, statuer sur la validité du premier ou du deuxième mariage. En effet, l'article 189 du Code civil, supposant une demande en nullité du deuxième mariage formée par le premier époux du bigame, porte que, si les nouveaux époux opposent la nullité du premier mariage, cette question doit être jugée préalablement. Par analogie, on doit admettre que la même procédure doit être suivie, lorsque le bigame oppose, non plus au civil mais au criminel, la nullité du premier et même du second mariage. — On invoque, en outre, des considérations d'utilité. On dit que le jury n'est pas assez éclairé pour statuer sur une question de validité de mariage, et que d'ailleurs il est impossible de faire trancher au criminel une question d'état qui sera opposable aux enfants et à la femme du bigame, bien qu'ils ne soient peut-être pas intervenus au procès, puisqu'il n'y a aucun moyen légal de les forcer à intervenir (27 août 1879. S. 81, 2, 129. — cour de Rennes).

Cette opinion ne nous parait pas soutenable. Elle ne peut, en effet, invoquer, pour écarter le principe que le juge de l'action est juge de l'exception qu'un seul texte, l'article 189 du Code civil qui, évidemment, ne peut être invoqué puisqu'il règle un point de procédure et non une question de juridiction.

151. — 2ᵉ opinion : — L'exception préjudicielle doit être admise, et la question qu'elle soulève doit être renvoyée devant le tribunal civil, lorsque l'accusé oppose la nullité du *premier* mariage et que cette nullité est *absolue*.

152. — Pour justifier la distinction entre le premier et le second mariage, on dit : Le premier mariage peut être valable malgré la célébration du second.

Au contraire, le deuxième mariage est sûrement nul si la validité du premier n'est pas contestée. Par suite, dans le cas où la validité du premier mariage est contestée, la loi a pu admettre une question préjudicielle; et l'on argumente, comme dans le premier système, de l'article 189, pour démontrer que cette question préjudicielle a été admise. — Au contraire, dans le cas où la validité du second mariage est contestée, la loi n'a pu admettre de question préjudicielle, car, en réalité, il n'y en a pas, puisque le deuxième mariage est certainement nul, et que, par suite, il n'y a rien à faire juger de ce chef au civil. Mais il se peut que le deuxième mariage, qui est nul, soit infecté d'un autre vice, par exemple d'erreur. En ce cas, la bigamie résultant de la coexistence de deux mariages *valables* (1), c'est-à-dire dont le deuxième serait valable si le premier n'existait pas, l'accusé peut plaider que le deuxième mariage est entaché d'erreur. Car, s'il démontre la nullité de ce chef, le crime n'existe pas. Mais, remarquons-le, la question de validité du deuxième mariage ainsi soulevée n'est pas une question préjudicielle. Cette question n'aurait aucune raison d'être puisque le mariage est nul ; l'accusé discute seulement l'existence d'un élément

---

(1) On a soutenu que la bigamie existe dès que l'accusé a *cru* contracter un deuxième mariage, si ce mariage a été revêtu des formes extérieures exigées par la loi, fût-il nul. Cette opinion est inadmissible, puisque l'intention criminelle ne suffit pas à constituer un délit, et qu'il faut un fait.

constitutif du crime dont le juge de la culpabilité doit connaître, car aucun texte ne lui retire ce droit.

153. — Pour justifier la distinction entre les nullités absolues et relatives, on dit : Quand la nullité du premier mariage est absolue, ce premier mariage n'existant pas, il n'y a point bigamie si cette nullité absolue est déclarée. Si la nullité du premier mariage est relative, ce premier mariage existe jusqu'au moment où il aura été déclarée nul. Dès lors, qu'il soit déclaré nul ou non, l'accusé est toujours bigame. En conséquence, il y a intérêt à faire statuer préjudiciellement sur la nullité absolue du premier mariage, il n'y a pas intérêt à faire statuer préjudiciellement sur sa nullité relative ; il faut donc admettre la question préjudicielle au cas de nullité absolue, la repousser au cas de nullité relative (sic, note de 1813 et cass. jusqu'en 1867).

154. — Ce système est inadmissible.

En premier lieu, il est impossible de distinguer entre le cas où l'accusé oppose la nullité du premier mariage et le cas où il oppose la nullité du deuxième. En effet, d'une part, la bigamie étant un crime qui résulte de la coexistence de deux mariages *valables*, on pourrait fort bien soutenir que la validité du deuxième mariage est une question préjudicielle aussi bien que la validité du premier ; d'autre part, nous avons déjà dit que l'article 189 n'avait rien à faire en cette matière, et que, par suite, on ne pouvait l'invoquer pour admettre une question préjudicielle.

En deuxième lieu, il est impossible de distinguer entre les nullités absolues et les nullités relatives. En effet, un mariage *nul* n'est pas un mariage *inexistant*. Par suite, qu'il soit *absolument* ou *relativement* nul, le mariage existe jusqu'au moment où il aura été annulé, et, par suite, dans tous les cas, que la nullité soit ou non déclarée, l'accusé reste bigame. Il n'y a donc pas plus d'intérêt à faire statuer préjudiciellement sur un cas de nullité absolue que sur un cas de nullité relative.

155. — 3ᵉ opinion. — L'exception préjudicielle doit être repoussée, et le juge criminel est, en tous cas, compétent pour trancher la question de validité de mariage. En effet, la bigamie résulte de la coexistence de deux mariages valables. La validité des deux mariages est donc un élément constitutif du crime. Or le juge répressif est compétent pour vérifier l'existence de tous les éléments constitutifs du crime, à moins qu'un texte ne dise le contraire, or ce texte n'existe pas. Nous adoptons ce troisième système.

156. — 2° *Exceptions préjudicielles se rattachant aux conventions.* En cas de poursuite pour infraction résultant d'un contrat antérieur dont l'existence ou l'interprétation sont contestées, aucune exception préjudicielle, tendant à faire vérifier par un tribunal civil l'existence ou l'interprétation de ce contrat, ne peut être admise. La juridiction repressive est compétente pour trancher toutes les difficultés qui s'élèvent sur ce point. Cette règle résulte des principes généraux dont l'article 408 du Code pénal fait une application évidente, puisqu'il défère aux tribunaux correctionnels seuls les questions de violation de dépôt etc. Le juge criminel doit d'ailleurs se conformer aux règles civiles en matière de preuve.

157. — 3° *Exceptions préjudicielles se rattachant aux droits réels mobiliers ou immobiliers.* En cas de poursuite pour infraction ayant attenté à un droit réel, l'exception opposée par l'accusé qui prétend être titulaire de ce droit, et, par suite, avoir eu le droit de faire ce qu'on lui reproche, doit-elle être admise, et la cour doit-elle surseoir pour laisser au tribunal civil le temps de statuer sur la question préjudicielle? On distingue. — L'exception doit être repoussée si le droit invoqué est mobilier, et le juge criminel doit trancher lui-même la question préjudicielle. Cette solution se déduit des principes par nous exposés. Elle est légitimée par la nécessité de ne pas trop entraver la marche de l'action publique. — L'exception doit être admise, au contraire, et la cour d'assises doit surseoir, lorsque le droit invoqué est un droit immobilier. Un usage traditionnel, volontairement corroboré par quelques textes (art. 182. C. For. — L. 23 juin 1857, art. 16), attribue, en effet, sur ce point compétence exclusive au tribunal civil, et cela que le droit invoqué soit la propriété, un droit réel ou même la simple possession, pourvu qu'elle fût de nature à conduire à la propriété. Néanmoins, l'exception pour réussir doit réunir quatre conditions formulées par l'article 182 du Code forestier. Elle doit être : 1° formellement invoquée : 2° sérieuse, (23 août 1879. S. 81, 1, 185) : 3° de nature à enlever au fait tout caractère délictueux si on la suppose prouvée (5 déc. 1879. S. 79, 1, 185) : 4° fondée sur un droit personnel à l'accusé.

158. — Nous avons suivi, dans l'étude que nous venons de faire, la division la plus usuelle qui distingue les exceptions préjudicielles à l'action des exceptions préjudicielles au jugement. Avant de quitter cette matière, nous devons remarquer qu'il serait peut-être plus correct de ne donner le nom d'exceptions préjudicielles qu'aux exceptions préjudicielles au jugement. Quant aux autres, mieux vaudrait les ranger parmi les exceptions qui se fondent sur ce que l'action publique n'est pas encore née (Ortolan n°ˢ 1698, 2124). Au reste, cette question est toute de terminologie, car, que ces dernières exceptions se nomment préjudicielles à l'action ou autrement, tout le monde leur reconnaît le même effet. Dès qu'elles sont non seulement proposées, mais possibles, l'action publique, qui n'a pu naître valablement, doit s'arrêter si elle a été intentée. Il en est autrement des véritables exceptions préjudicielles qui doivent être invoquées, et n'ont d'autre effet que de faire suspendre la procédure.

Attributions du jury

159. — Pendant les débats, les jurés ont des attributions à peu près négatives. Ils prêtent serment; ils siègent, en se conformant aux diverses promesses que leur serment comporte ; ils prennent des notes, s'il y échet; ils apprécient les preuves ; ils adressent des questions à l'accusé et aux témoins (art. 319), et, par suite, peuvent indiquer au président certaines personnes qu'il fera entendre en vertu de son pouvoir discrétionnaire etc., etc.

CHAPITRE II

Section première. — Généralités

160. — Avant d'entrer dans le détail de cette période de la procédure, il nous paraît nécessaire d'indiquer, d'une manière générale, les attributions du jury et de la cour d'assises. Quant au président nous ne nous en occuperons pas pour le moment, ses attributions générales restant à peu près celles que nous avons étudié pendant les débats.

Attributions du jury

161. — Le jury est *juge de la culpabilité* (art. 337) et, par suite, des circonstances modificatives de cette culpabilité. En conséquence, il lui appartient de statuer sur l'existence des éléments constitutifs du délit, des faits justificatifs, des circonstances aggravantes, des excuses et des circonstances atténuantes.

Cette compétence entraîne pour lui le pouvoir d'apprécier les preuves produites devant lui (1).

162. — La plupart des questions qui rentrent dans le problème de la culpabilité sont des questions *de fait*. Il arrive cependant quelquefois qu'il paraît utile de faire aussi trancher par le jury des questions *de droit*. Est-il possible de conférer une telle attribution au jury ? En principe il faut répondre non.

163. — Cette règle, qu'aucun texte ne formule, a son origine en Angleterre dans un statut d'Edouard Ier qui déclare què, lorsque le jury se sent incapable de résoudre une question de droit, il peut, *à titre exceptionnel*, rendre un verdict qui déclare constants les faits ou certains faits qui lui sont soumis, et abandonne à la cour le soin de résoudre les questions de droit. Cette règle, tout à fait exceptionnelle, fut généralisée par les publicistes du XVIIIe siècle, et formulée avec même généralité par la constitution de 1791 en ces termes : « Le fait sera reconnu et déclaré par « des jurés. L'application de la loi sera faite par des « juges ». Depuis, la loi des 16-29 septembre 1791, la constitution de l'an III, le Code du 3 brumaire an IV, et la constitution de l'an VIII s'accordent à diviser de la même manière les attributions des jurés et des juges.

164. — Le Code d'instruction criminelle ne con-

(1) Les jurés formant leur décision d'après leur intime conviction, il en résulte qu'ils ne sont pas tenus de considérer comme établis les faits constatés par des actes authentiques.

tient aucune indication formelle permettant d'affirmer que le jury ne peut être interrogé que sur la matérialité des faits. Les travaux préparatoires sont également très vagues sur ce point. On doit admettre, néanmoins, à notre avis, que le jury ne peut que vérifier des faits, sans statuer sur les questions de droit, en se fondant sur les raisons suivantes :

1° Donner au jury compétence pour connaître des questions de droit, c'eût été étendre ses attributions. Or cette extension, naturellement restrictive des attributions de la cour, est peu probable, les rédacteurs du Code étant très favorables à la magistrature et peu favorables au jury.

2° Sous la législation antérieure, le jury ne connaissait que *du fait*. Si le législateur avait voulu lui attribuer, en outre, la connaissance des questions de droit il l'aurait dit formellement. Son silence prouve qu'il a conservé l'ancienne théorie.

3° Les travaux préparatoires supposent, en certains points, que le jury ne peut apprécier que les faits. C'est ce qui résulte de ces paroles de Napoléon : « que « la distinction entre les juges du fait et les juges du « droit est dans la nature des choses » ; de cette phrase du comte Bérenger défendant l'institution du jury : « que tout homme qui a le sens droit est capable « de décider du fait » ; enfin d'une déclaration de Berlier qui explique qu'il est toujours possible, sinon facile, de séparer le fait du droit.

4° Certains textes supposent que les questions de fait sont réservées au jury, les questions de droit à la cour. Ces textes sont : *A*. L'article 363, qui suppose qu'après vérification du fait par le jury sa qualification légale est mise en question, et les articles 364 et 365, qui attribuent la solution de cette question à la cour. *B*. L'article 342, qui prescrit aux jurés de se décider d'après leur *intime conviction*. « Or, dit F. Hélie « (n° 3621), ... la certitude morale... ne peut sai- « sir que l'existence et la moralité du fait. Dès qu'il « s'agit, non plus de l'appréciation de ce fait en lui- « même, mais de ses rapports avec la loi, de sa cri- « minalité relative et légale, ce n'est plus à la cons- « cience qu'il appartient de décider, mais à la science « du droit ». (Sic 25 avril 1879. D. 79, 1, 313).

165. — La théorie que nous venons de résumer a été vivement contestée. Certains auteurs, tout en admettant que le jury ne peut, en règle générale, con- naître que des questions de fait, ajoutent qu'une question de droit, la qualification (1) des faits qui lui sont soumis, rentre dans ses attributions. Ils argu- mentent des considérations suivantes :

1° Napoléon a dit au conseil d'État: « En faisant « déclarer par le jury que l'accusé est coupable d'un « fait réputé crime par le Code pénal, faut-il laisser « les juges qualifier le crime, prononcer que c'est

____

(1) Qualifier un fait, c'est décider que ce fait rentre dans la définition du délit telle qu'elle est formulée par la loi.

« un vol, un parricide, un assassinat? Voilà ce que
« personne ne veut ».

2° Les articles 337, 338, 343, 345, supposent que
le jury a compétence pour qualifier les faits qu'il
vérifie. En effet, ce que la loi défére à son appréciation, ce n'est pas purement le fait, c'est le *crime*
tel *meurtre,* tel *vol).* En conséquence, le jury devra
être interrogé, non seulement sur l'existence du fait,
mais encore sur le point de savoir si le fait rentre dans
la définition du délit dont s'agit, telle qu'elle est formulée par la loi (Cubain, n° 231, — Bourguignon,
Jurisprudence des Codes criminels, t. 2, p. 565).

A ces arguments on peut répondre : 1° Que l'autorité des paroles de Napoléon est au moins neutralisée
par l'autorité des paroles de Napoléon lui-même sur
lesquelles nous nous sommes déjà appuyés : 2° Que
les mots *crime, meurtre, vol* sur lesquels on se fonde
pour attribuer au jury le pouvoir de qualifier les faits
ont été empruntés au Code de Brumaire où, sans contestation, le jury ne connaissait que de la matérialité
des faits. D'où il suit que nous nous trouvons simplement en présence d'expressions défectueuses qui
ne peuvent avoir d'influence sur notre question.

166. — Le jury doit donc, en résumé, être interrogé
sur l'existence de certains faits. Il ne doit résoudre
aucune question de droit, pas même qualifier les
faits qui lui sont soumis. Néanmoins, cette règle
générale n'est pas absolue. D'une part, en effet, il faut

remarquer que le législateur, tout en admettant, en
thèse générale, que le jury ne connait que des faits,
paraît ne pas s'être rendu un compte exact de la portée pratique de la règle qu'il posait, ainsi qu'il
résulte des articles 337, 338, 343, 345, qui, comme
nous l'avons vu tout à l'heure, sont en désaccord avec
la théorie de la loi ; d'autre part, il faut se souvenir
que le jury est juge de la culpabilité. Toutes les fois
donc que, pour résoudre la question de culpabilité,
il sera nécessaire de faire résoudre au jury une question de droit, il faudra, sans hésiter, faire fléchir le
principe que le jury n'est juge que du fait, devant
cet autre principe qu'il est juge de la culpabilité,
et lui faire juger même les questions de droit.
C'est ainsi, par exemple, que le jury devra résoudre la question de savoir : dans une accusation de
fausse monnaie, si la monnaie contrefaite avait cours
légal en France : dans une accusation d'extorsion de
signature, si le titre extorqué emportait obligation ou
libération : dans une accusation de parricide, si l'as-
sassin était le fils de la victime : dans une accusation
de banqueroute frauduleuse, si l'accusé avait la qualité de commerçant failli : dans une accusation de vol
avec circonstances aggravantes, si tel chemin, théâ-
tre du vol, est un chemin public, si tel fait est une
effraction etc. Toutes ces questions sont à la vérité
des questions de droit, mais elles portent sur des
éléments constitutifs du crime ou de la circonstance

aggravante, de telle sorte que, si on ne les soumettait pas au jury, il statuerait bien sur l'existence ou la non existence de faits matériels, mais non sur la culpabilité. Or, comme il faut avant tout que le jury statue sur la culpabilité, on doit lui soumettre ces questions de droit.

Attributions de la cour.

167. — Ce que nous venons de dire de la compétence du jury, nous paraît suffisamment déterminer les attributions de la cour. Le jury, en effet, n'étant juge que de la culpabilité, la cour doit connaître de toutes les *questions de droit ou de fait qui ne rentrent pas dans la question de culpabilité*, c'est-à-dire :

1° De la question de savoir si l'action publique existe ou non. Nous l'avons vu exercer cette attribution à propos des exceptions que nous avons appelées préalables (amnistie, chose jugée) etc. En ce cas, il peut arriver que la solution de la question relative à l'action publique dépende de faits dont l'appréciation est soumise au jury. Alors, la cour ne peut prononcer sur l'existence de l'action publique qu'après et suivant la déclaration du jury.

2° Du point de savoir si le fait invoqué par l'accusé est admis comme excuse par la loi.

3° De la constatation de l'état de récidive de l'accusé. Ceci n'est pas une exception à la règle suivant laquelle le jury connaît de toutes les circonstances

modificatives de la culpabilité. En effet, la récidive
est une circonstance aggravante d'une nature particulière . La récidive est, comme on l'a dit, non
pas un état de l'*infraction* mais un état de l'*infrac-
teur* . De là résulte que le jury, qui est chargé
d'examiner la culpabilité de l'accusé relativement à
l'infraction, sa culpabilité *spéciale* et non sa culpabilité *générale,* ne doit pas en connaître. Cette règle,
d'abord contestée, est à peu près unanimement admise
depuis un arrêt du 11 juin 1812 qui a fait jurisprudence (Comp. Blanche, t. 1, nº 460. Trébutien, t. 1,
p. 291).

4º De l'application de la loi aux faits déclarés
constants par le jury, ce qui comprend la qualification du fait et l'application de la peine. Cette application pouvant se faire dans les limites d'un maximum
et d'un minimum, il en résulte que la cour est, sur
ce point, compétente pour apprécier la culpabilité.

Section II. — Procédure

168. — Nous étudierons la procédure du jugement en deux paragraphes : le premier relatif au
verdict, le deuxième relatif aux divers actes qui le
suivent.

§ 1. — *Le verdict.*

169. — Le verdict est l'acte au moyen duquel le jury statue sur la culpabilité. En Angleterre le verdict est fait par le jury seul. En France, au contraire, le président, le jury et la cour contribuent à sa formation : Le président le prépare en posant les questions : La cour statue sur les difficultés que soulève la position des questions, et concourt, s'il y a lieu, à la rectification de la déclaration : Le jury l'achève en répondant aux questions posées par le président.

Attributions du président.

170. — Le président est chargé par l'article 336, qui reproduit sur ce point toutes nos lois antérieures, de la *position des questions* au jury. Il nous faut en examiner les règles.

171. — La loi de 1791, désireuse d'obtenir du jury des réponses précises, n'impliquant qu'une seule déclaration, prescrivait la position d'un grand nombre de questions destinées à décomposer la culpabilité en ses divers éléments. S'agissait-il, par exemple, d'établir la culpabilité relativement à un fait unique, le jury était interrogé séparément sur les points suivants : 1° Tel fait est-il constant ? 2° L'accusé en est-il l'auteur ? 3° A-t-il agi volontairement? 4° Avec intention criminelle ? Ce système, encore exagéré en l'an

IV, avait l'inconvénient d'embarrasser les jurés, et de favoriser les acquittements arbitraires.

Par réaction contre la loi de l'an IV, l'article 337, généralisant une théorie déjà essayée partiellement par la loi du 12 ventôse an VIII, décida qu'il ne serait plus posé qu'une seule question, comprenant le fait matériel, la culpabilité de l'agent, et toutes les circonstances de l'accusation. Le vice de ce procédé était de mettre le jury dans l'impossibilité d'exprimer exactement sa pensée, et, par suite, de multiplier les acquittements scandaleux.

Pour obvier aux inconvénients de l'article 337, la jurisprudence autorisa les présidents à diviser les questions. Cette pratique, indirectement admise plus tard par la loi du 9 septembre 1835, fut directement autorisée par la loi du 13 mai 1836 qui porte dans son article 1er. « Le jury votera par bulletins écrits, et « par scrutins distincts et successifs, sur le fait prin- « cipal d'abord, et, s'il y a lieu, sur chacune des « circonstances aggravantes, sur chacun des faits « d'excuse légale, sur la question de discernement ».

172. — De la loi de 1836, on doit déduire les conséquences suivantes.

1° Il doit être posé une question spéciale sur le fait principal et sur chacun des faits principaux, s'il y en a plusieurs. En effet, la loi dit qu'en votera sur le fait principal *d'abord*, par scrutins *distincts* et *successifs*. Or ces mots, d'une part, séparent la question sur le fait principal de toute autre question, et, d'autre part, nécessitent plusieurs questions s'il y a plusieurs faits, afin que le jury puisse procéder par scrutins distincts et successifs.

2° Il doit être posé, sur le fait principal, une question séparée pour chaque accusé. En effet, l'esprit de la loi, qui s'est manifesté dans la séparation du fait principal des autres circonstances du crime, dans l'exigence d'une question spéciale pour chaque fait principal, est de permettre au jury de statuer sur chaque question par une affirmation ou une négation. Il faut donc, sur chaque fait principal, une question par accusé, à peine de ne pas atteindre le but désiré par la loi.

3° Enfin, il résulte du texte même de la loi que le président doit poser une question spéciale : *A*. Sur chaque circonstance aggravante : *B*. Sur chaque excuse : *C*. Sur le discernement. Ajoutons, bien que nous n'ayons pas encore examiné cette matière, que, lorsqu'une question subsidiaire est posée au jury sur un fait résultant des débats, cette question doit être également spéciale, car elle vise un fait principal et suit en conséquence les règles déjà posées.

173. — La nécessité de diviser les questions, que nous venons d'établir, exclut les questions dites *cumulatives* ou *complexes* et les questions *alternatives*.

174. — On appelle question complexe, toute question qui, contrairement à la loi de 1836, réunit deux ou plusieurs faits, de telle sorte que le jury, désireux de faire des réponses différentes sur chacun de ces faits, ne peut exprimer sa pensée par une négation ou une affirmation pure et simple. Elle entraîne nullité, car il en résulte une ambiguité qui rend suspecte la réponse du jury.

175. — La nullité des questions complexes, donne un grand intérêt à la distinction entre les circonstances *constitutives* et *aggravantes*. Supposons, en effet, qu'une même question vise plusieurs circonstances. Si ces circonstances sont constitutives, la question est régulière ainsi que nous l'établirons plus tard ; si elles sont aggravantes, ou constitutives et aggravantes, la question est complexe et nulle. Essayons de déterminer quelles circonstances sont aggravantes, quelles circonstances sont constitutives.

176. — Si la circonstance est telle qu'en la supprimant le délit n'existe plus, elle est évidemment constitutive. Par exemple, un propriétaire met le feu à son immeuble. La circonstance que la maison était habitée ou servait à l'habitation, ou que l'incendie a causé préjudice à autrui est constitutive, car sans elle il n'y a pas de crime. (art. 434 C. P).

Si la circonstance est telle qu'en la supprimant le *même* délit subsiste et que la pénalité seule soit modifiée, la circonstance est simplement aggravante. Par exemple, un individu met le feu à la maison d'autrui qui servait à l'habitation. La circonstance que la

maison servait à l'habitation est simplement aggravante, car le crime d'incendie n'en subsiste pas
moins, même si on en fait abstraction (art. 434. C. P.).

Si la circonstance est telle qu'en la supprimant
une infraction subsiste, la qualification ou la nature
de cette infraction étant d'ailleurs modifiées, il y a
controverse. Les uns disent que la circonstance est
constitutive dans tous les cas (v. Trébutien n° 621).
Soit, par exemple, un *parricide*. La qualité de la victime est une circonstance constitutive. Car, si on fait
abstraction de cette qualité, il n'y a plus de *parricide.* D'autres pensent, au contraire, que la circonstance est *aggravante.* Prenons encore le *parricide* :
Si l'on fait abstraction de la qualité de la victime,
il n'y a plus, il est vrai, *parricide*, mais il y a *meurtre.*
Or c'est le *meurtre* qui est poursuivi, avec un nom
spécial, dans l'hypothèse où le meurtrier est fils de
la victime. Par suite, la qualité de père n'est qu'une
circonstance aggravante. Cette théorie reste vraie
quand la suppression de la circonstance aggravante
transforme le *crime* en simple *délit.* En effet, la clas-
sification des infractions en crimes, délits ou contraventions est toute *pratique.* Elle ne change pas la
nature de l'infraction qui reste identique quelle que
soit la peine qu'elle entraîne (v. Garraud, p. 321).

177. — La jurisprudence a, sur notre question
une théorie peu logique. Elle considère, en matière de
parricide la qualité de père (30 sept. 1853, Bul 490),

en matière d'infanticide la qualité d'enfant nouveau-
né (13 mars 1856. Bul. 106), comme *constitutives*,
avec faculté d'ailleurs de tenir ces qualités pour simplement *aggravantes* (22 sept. 1842. Bul. 245). Dans
d'autres délits de même genre, au contraire, la circonstance est reconnue n'être qu'aggravante dans
tous les cas (5 sept. 1844. S. 45, 1, 314).

178. — La raison que nous avons donnée, à l'effet
d'établir la nullité des questions complexes, a permis
à la jurisprudence de valider certaines questions qui
violaient évidemment la lettre de la loi, mais non pas
son esprit. La raison de la division des questions
est, en effet, d'assurer l'expression claire du vote des
jurés sur toutes les circonstances du procès. Par suite,
dès que, malgré la complexité, la réponse sera suffisamment claire, il n'y aura pas de nullité. C'est ce
qui arrive : 1° Lorsqu'une seule question est posée, à
l'effet de faire établir à l'égard de plusieurs accusés
une circonstance aggravante *matérielle* (16 fév. 1882.
D. 82, 1, 279). Il en serait autrement bien entendu
si la circonstance était *morale* (7 janv. 1877. Bul. 132).
2° Lorsque une circonstance aggravante, irrégulièrement comprise dans la question sur le fait principal,
est ensuite posée dans une question distincte (7 avril
1853. Bul. 127), et autres cas analogues.

179. — Pour en finir sur les questions complexes,
nous ferons remarquer que la jurisprudence autorise
le président à diviser entre plusieurs questions même

les éléments *constitutifs* d'un même crime (20 janv. 1883. S. 85, 1, 238). De sorte que, en cas de doute sur le point de savoir si un fait est aggravant ou constitutif, il sera prudent de poser toujours sur lui une question distincte (F. Hélie n° 3682).

180. — Les questions alternatives sont des questions complexes dont les divers termes sont séparés par le mot *ou* : L'accusé est-il coupable de telle chose *ou* de telle autre ? Ces questions sont nulles, parce qu'il y a lieu de craindre que, grâce à elles, l'accusé ne soit condamné, non par la majorité du jury, mais par deux minorités. Par exemple, la question est ainsi posée : L'accusé est-il auteur *ou* complice ? Quatre jurés le disent auteur principal, quatre jurés le disent complice : l'accusé est condamné. Avec deux questions il eut été acquitté. La cour de cassation annule, en règle générale, les questions alternatives, mais elle les tolère, par exception « lorsque chacun des deux « faits constitue à un degré égal la criminalité, et « entraîne la même peine ». Cette distinction doit être repoussée, parce que, grâce à elle, dans les cas où elle s'applique, l'accusé peut être condamné par une minorité, ainsi que nous l'avons déjà montré.

181. — Le président, lorsqu'il pose les diverses questions prévues par la loi de 1836, doit prendre pour type l'arrêt de mise en accusation (1) (art. 337)

---

(1) L'article 337 dit, un peu inexactement, *l'acte d'accusation.* Il suppose que l'acte d'accusation reproduit exactement l'arrêt de renvoi (art. 271).

Il faut par suite : 1° Que tous les chefs contenus en cet arrêt soient soumis au jury sans exception ; 2° Qu'aucun fait non contenu dans l'arrêt de renvoi ne soit soumis au jury. Examinons cette double règle.

182. — 1° Le jury doit être interrogé sur tous les chefs contenus en l'arrêt de renvoi : sans cela, en effet, l'accusation ne serait pas purgée. Parmi ces chefs il faut comprendre, non-seulement ceux que vise le dispositif, mais encore ceux énoncés dans le corps de l'arrêt, le dispositif n'étant que le résumé de cet arrêt, à la condition toutefois qu'ils se rattachent à l'accusation principale, soit comme circonstances, soit comme faits modificatifs, et qu'ils fassent partie des faits déclarés résulter de l'instruction. Sans ces diverses conditions, en effet, on ne pourrait dire que la chambre d'accusation a statué sur eux (15 déc. 1882. D. 83, 1, 181).

183. — En cas d'omission d'une question nécessaire, il faut distinguer : *A*. Si le fait omis est une circonstance constitutive du crime il y a forcément nullité, car un élément essentiel de l'accusation n'a pas été jugé. *B*. Si le fait omis est seulement une circonstance aggravante ou un chef d'accusation distinct, l'arrêt peut être cassé sur le pourvoi du ministère public, mais il ne peut l'être sur le pourvoi de l'accusé, celui-ci n'ayant souffert d'aucun préjudice (14 oct. 1880. D. 81, 1, 137). Remarquons que, dans ces deux cas, la nullité prononcée n'atteint pas les réponses faites aux questions régulièrement posées. Il en était autrement sous le Code de Brumaire.

184. — 2° Le jury ne peut être interrogé sur des faits autres que ceux que vise l'arrêt de renvoi, fussent-ils relevés par l'acte d'accusation. En cas de violation de cette règle, la nullité est certaine, car la cour d'assises, n'étant pas saisie, ne pouvait statuer. Toutefois, ce principe ne doit pas être exagéré. Si le président ne peut poser aucune question sur un fait purement nouveau, même révélé pendant les débats, il peut au contraire interroger le jury sur les faits résultant des débats, nouveaux il est vrai, mais qui ne sont que des modifications des faits de l'accusation. Cette matière nécessite quelques explications.

185. — La position des questions sur des faits non formellement prévus par l'arrêt de renvoi, interdite sous la loi de 1791, fut admise par le Code de l'an IV et l'est encore aujourd'hui par les articles 338 et 339, à la condition que les faits dont s'agit, d'une part résultent des débats, d'autre part ne soient que des modifications des faits de l'accusation originaire. Ces modifications peuvent être soit des *circonstances aggravantes*, soit des *excuses,* soit des *modifications pures et simples.* Examinons successivement chacune de ces trois catégories.

186. — 1° Circonstances aggravantes. — S'il résulte des débats une circonstance aggravante, l'article 338 combiné avec la loi de 1836, nous apprend que le président doit soumettre cette circonstance au jury en une question spéciale. De la généralité de l'article 338, il résulte que la circonstance aggravante peut être soumise au jury, même si elle constitue à elle seule un délit distinct, ou si elle a été antérieurement écartée par la chambre d'accusation, à la condition, dans ce cas, que le rejet n'ait été prononcé que par des considérations de fait, toute décision en droit restant acquise à l'accusé (F. Hélie n° 3636) .

Le président, étant chargé de poser les questions, est juge du point de savoir si une circonstance aggravante résulte des débats. En cas de contestation, la cour intervient.

187. — 2° Circonstances qui atténuent. — De même que le président peut poser des questions sur les circonstances aggravantes, de même il peut, même d'office, poser des questions sur les circonstances qui atténuent l'accusation, lorsqu'elles résultent des débats ; mais il faut distinguer, sur ce point, entre les *circonstances atténuantes*, les *faits justificatifs* et les *excuses légales*.

188. — Quant aux circonstances atténuantes, c'est-à-dire aux causes d'atténuation non spécialement prévues par la loi, il résulte de l'article 341 qu'elles ne peuvent être l'objet d'une question spéciale.

189. — Quant aux faits justificatifs (démence,

15

contrainte, légitime défense), c'est-à-dire aux faits qui excluent l'imputabilité pénale, il résulte des principes généraux qu'aucune question spéciale ne doit être posée à leur égard. En effet, le jury en connaît en connaissant de la culpabilité. Néanmoins, la jurisprudence admettant qu'il ne résulte aucune nullité de la position d'une question sur un fait justificatif, on conseille aux présidents, pour éviter les graves inconvénients qui résultent de la difficulté qu'il y a à faire comprendre aux jurés qu'en statuant sur la culpabilité ils statuent sur le fait justificatif, de poser une question séparée sur ce dernier point.

190. — Quant aux excuses, le président peut, d'office, en faire l'objet d'une question spéciale, lorsque elles résultent des débats. Que si l'excuse (1) est proposée au président, voici la remarquable disposition de l'article 339 : modifié par la loi du 28 avril 1832, « Lorsque *l'accusé* aura proposé pour excuse un fait « admis comme tel par la loi, le président devra, à « peine de nullité, poser la question ainsi qu'il suit : « Tel fait est-il constant ? »

Cet article a été modifié ainsi pour détruire en partie la théorie de la jurisprudence, qui prétendait que la cour, saisie d'une demande de position d'excuse légale, pouvait, par une déclaration souveraine, déclarer qu'il n'y avait lieu de la poser.

(1) Par excuse il faut entendre, non seulement les faits ainsi qualifiés par la loi, mais tous faits pouvant emporter une exemption ou mitigation de peine (F. Hélie n° 3645).

Il résulte de notre texte :

A. Que les questions d'excuse proposées par le ministère public peuvent être écartées par la cour; la loi n'ayant pas modifié l'ancienne théorie sur ce point.

B. Que les questions d'excuse proposées par l'accusé doivent être posées à peine de nullité, qu'elles résultent ou non du débat (4 avril 1878. D. 78, 1, 330), qu'elles soient sérieuses ou non.

C. Que les faits proposés comme excuses doivent être « admis comme tels par la loi ». La vérification de la légalité de l'excuse appartient, naturellement, à la cour qui peut, en conséquence, refuser de poser la question au jury. Mais il y a nullité si la cour refuse à tort de poser la question, son refus fut-il fondé sur une appréciation erronée des faits articulés (23 déc. 1880. D. 81, 1, 191).

191. — 3° Circonstances modificatives de l'accusation. — Lorsqu'il résulte du débat quelque fait qui modifie l'accusation, sans être ni une circonstance aggravante, ni une excuse proprement dite, le président, après avoir posé une question sur l'accusation proprement dite, *peut* poser une question *subsidiaire* sur les faits ainsi modifiés.

La faculté que nous reconnaissons au président résulte : *A*. De l'esprit de la loi. En effet, la procédure orale n'aurait plus aucune raison d'être si le président était tenu de soumettre au jury des faits avec une qualification dont l'inexactitude vient d'être démontrée à l'audience ; *B.* De l'historique, l'article 379 du Code de Brumaire autorisant le président à poser des questions subsidiaires, règle qui n'a jamais été formellement abrogée, mais au contraire partiellement appliquée dans les articles 338 et 339 pour certains faits modificatifs : *C.* De l'article 365, qui déclare que la cour devra appliquer au délit la peine établie par la loi, « même dans le cas où, d'après « les débats, il se trouverait n'être plus de la com- « pétence de la cour d'assises », Or, la cour ne pouvant statuer qu'après une déclaration du jury, il résulte de ce texte que le jury doit connaître du fait tel que les débats l'ont modifié ; sans cela l'application de la peine serait impossible. (Sic, 27 avril 1876. D. 77, 1, 93).

192. — Les faits résultant du débat peuvent être considérés comme modificatifs, et autorisent par suite la position d'une question subsidiaire, toutes les fois qu'ils étaient compris dans l'accusation primitive. C'est ce qui arrivera, par exemple, quand, dans une accusation de parricide, les débats feront disparaître la qualité de fils et que le président interrogera le jury sur un assassinat pur et simple (27 avril 1877. D. 77, 1, 93).

193. — Le président doit rédiger les questions qu'il pose de manière à ne faire résoudre aucune question de droit au jury. Cette règle est la consé-

quence évidente du principe d'après lequel les jurés
ne connaissent que du fait. Il en résulte que, dans
toutes les accusations où il est nécessaire d'apprécier
une question de droit, le président doit soumettre
au jury tous les faits d'où peut résulter la question
de droit, en réservant celle-ci à l'appréciation de la
cour. Par exemple : 1° Dans une accusation de faux,
il faut demander au jury non pas si l'accusé a commis *un faux*, mais s'il a commis, *dans tel acte, telle
altération matérielle de nature à préjudicier à un tiers*.
(18 juillet 1884. D. 85, 1, 43). — 2° Dans une accusation
où il est nécessaire de constater la qualité de l'agent
ou de la victime, il faut interroger le jury sur la qualité
de fait, et non sur la qualité *légale*. Aussi l'on dira :
L'accusé était-il *adjoint à l'administrateur de telle
commune mixte d'Algérie*? et non était-il *fonctionnaire*? Car le point de savoir si cet administrateur est
un fonctionnaire est une question de droit (31 mars
1882. S. 83, 1, 137). — 3° Dans une accusation ou il
est nécessaire de constater l'autorité de l'agent sur la
victime, il faut interroger le jury sur les faits dont
l'autorité dérive, et non sur l'existence de l'autorité.
Par exemple, on dira : L'accusé était-il *tuteur*? laissant
à la cour le soin de constater l'autorité.

194. — La règle que nous venons de faire connaître comporte des exceptions. Nous avons dit, en effet,
que le jury connaissait exceptionnellement des questions de droit, toutes les fois que le droit est telle-

ment lié au fait qu'il est impossible de les séparer. Nous n'y revenons pas. Dans ces hypothèses, il est évident que la question sera rédigée de façon à faire résoudre une question de droit au jury. C'est ainsi, par exemple, que, dans une accusation de banqueroute frauduleuse, il ·faudra demander au jury si l'accusé a la qualité de *commerçant failli*. — La jurisprudence admet, à notre règle générale, une autre catégorie d'exceptions. Elle remarque que la distinction du fait et du droit n'a d'autre raison d'être que l'ignorance des jurés en matière de droit, et elle déduit de là que la distinction peut disparaître toutes les fois que l'ignorance des jurés ne fait plus obstacle à ce qu'ils connaissent du droit, c'est-à-dire lorsque la qualification des faits soumis au jury est tellement claire que tout le monde peut la comprendre. Par exemple, le président pourra demander si l'accusé a commis tel *vol*, ce mot étant très clair, et pouvant d'ailleurs être considéré comme un résumé de l'énumération des éléments constitutifs du délit, comme un synonyme de *soustraction frauduleuse de la chose d'autrui*, aussi bien que comme une qualification.

195. — Le président doit, autant que possible, rédiger les questions en se servant des termes mêmes de l'arrêt de renvoi, et en suivant les formules que lui fournissent les articles 337 et suivants qui ne doivent être modifiées que pour obtenir la division des questions prescrites par la loi de 1836. L'arrêt de renvoi est, en effet, le *régulateur* des questions, suivant l'expression de Treilhard, et les formules sont écrites pour qu'on les emploie (1).

Faisons l'application de ces règles aux diverses questions que le président peut poser :

195. — 1° *Question sur le fait principal*. — Elle sera, nous dit l'article 337, posée en ces termes : « L'accusé est-il *coupable* d'avoir commis *tel meurtre, tel vol*, « ou *tel* autre *crime* ». De cette formule, il résulte que la question doit mettre le jury à même de s'expliquer : sur la *moralité* du fait : sur sa *spécification* : sur l'existence des *éléments constitutifs* du crime.

197. — *A*. Sur la moralité du fait, c'est-à-dire sur le point de savoir si l'accusé a commis le fait avec intention criminelle. En effet, l'article 337 porte que « la question sera posée en ces termes : « L'accusé est-il *coupable* ? ». Or le mot *coupable* renferme toutes ces idées (23 sept. 1880. D. 81, 1, 489).

Le mot *coupable*, indiqué par l'article 137, *doit* être employé dans la question ; toutefois il n'est pas sacramentel, et, par là, nous entendons dire qu'il peut être remplacé par des termes équipollens (20 mai 1879. D. 80, 1, 189) : Mais il ne suit pas de là que nous admettions avec un arrêt du 14 avril 1827, (J. P. t. 21,

____

(1) Néanmoins, ces règles ne sont pas absolument impératives, et le président peut s'en affranchir, s'il y échet. Il suffit qu'il observe les règles de fond (13 janvier 1881. S. 83, 1, 137).

p. 347), qu'en matière de banqueroute frauduleuse, lorsque les faits prévus par l'article 593 du Code de commerce sont de telle nature qu'ils supposent la mauvaise foi de celui qui les a commis, il suffit que le jury déclare ces faits *constants*. En effet, la loi exige que la culpabilité soit toujours vérifiée.

Il est des cas exceptionnels où l'emploi du mot *coupable* ne suffit pas, et où la question doit faire préciser que l'accusé a agi avec *volonté*, *connaissance* ou *fraude* (4 avril 1878. D. 78, 1, 392). Ces cas sont ceux où la loi a jugé nécessaire de constater spécialement le concours de la volonté, de la fraude, de la mauvaise foi. La raison de cette nécessité est que le mot *coupable* n'exprime que la moralité *générale* de l'action, et non la moralité *spéciale* qui doit caractériser quelques actes. Toutefois, cette règle, étant exceptionnelle, ne doit pas être étendue en dehors des cas prévus par la loi.

198. — *B*. Sur la spécification du fait, c'est-à-dire sur l'indication de l'époque, du lieu du crime, et du nom de la victime ; en un mot sur toutes les circonstances de fait qui distinguent le crime dont s'agit de tout autre. En effet, l'article 337 nous dit: la question sera posée en ces termes : l'accusé a-t-il « commis *tel* « vol, *tel* meurtre, ou *tel* autre crime » ? La loi veut donc qu'il soit établi qu'il s'agit de *tel* crime et non de *tel* autre. Toutefois il faut distinguer en ce qui concerne l'existence de ces indications. Celles qui ne font qu'*in-*

dividualiser le crime peuvent être négligées, à la condition que le fait dont s'agit reste cependant désigné sans équivoque, celles qui font la matière d'une exception, d'une circonstance constitutive etc., doivent être au contraire précisées à peine de nullité.

199. — *C*. Sur les éléments constitutifs du crime. En effet, la loi exige que le jury soit interrogé sur le point de savoir si l'accusé a commis tel *crime*. Or, le jury ne statuant pas sur le droit, il est impossible de déduire de sa réponse que tel crime a été commis, si la question n'a pas précisé tous ses éléments constitutifs (16 déc. 1880. D. 81, 1, 138).

200. — Il nous est impossible d'indiquer ici les diverses rédactions permettant de soumettre au jury les éléments constitutifs de tous les crimes prévus par la loi. Nous nous contenterons de quelques exemples.

Meurtre : — Le meurtre étant un homicide commis volontairement (art. 295 C. P.), la question sur le meurtre devra comprendre *A*. l'homicide; *B*. la volonté de tuer.

Parricide: — *Infanticide*: — Ces deux crimes étant, le premier, le meurtre d'un ascendant, le deuxième, le meurtre d'un enfant nouveau-né, les questions devront comprendre, outre les éléments constitutifs du meurtre, la qualité de la victime. A propos du parricide et de l'infanticide, nous devons rappeler que la jurisprudence considère la qualité de la victime à la fois comme une circonstance aggravante et comme une circonstance constitutive. De là résulte que le président peut, à son choix, comprendre cette qualité dans la question principale, ou poser deux questions, l'une sur le meurtre, l'autre sur la qualité.

Tentative : — La tentative de crime devant être manifestée par un commencement d'exécution, et n'avoir été suspendue, ou n'avoir manqué son effet que par des circonstances indépendantes de la volonté de l'auteur (art. 2 C. P.), la question doit comprendre : *A*. La manifestation par un commencement d'exécution : *B*. La suspension ou le manque d'effet par suite de circonstances indépendantes de la volonté de l'agent.

Complicité : — La complicité n'existant : *A*. En cas de complicité par provocation, que si des *dons, promesses, menaces, abus d'autorité* ou *de pouvoir, machinations* ou *artifices coupables* sont intervenus : — *B*. En cas de complicité par instructions que, si ces instructions n'ont été données que *pour commettre le crime* : — *C*. En cas de complicité pour fournitures d'armes ou instruments ou de tous autres moyens d'accomplir le crime, que si l'accusé *savait* que ces diverses choses devaient servir à l'action : — *D*. En cas de complicité par aide et assistance, que si l'accusé a agi *avec connaissance* dans la préparation ou la consommation de l'action (art. 60 C. P.) : — En outre, les complices ne pouvant être punis que s'ils sont déclarés complices d'un fait punissable : — d'une part, tous les éléments constitutifs de la complicité prétendue, d'autre part, tous les éléments constitutifs du crime principal, doivent être compris dans la question (4 mars 1882. D. 82, 1, 236). Ces derniers éléments constitutifs peuvent n'être, d'ailleurs, exprimés que par référence, si le complice es jugé en même temps que l'accusé principal.

201. — *2° Question sur la circonstance aggravante.* — La loi la formule ainsi (art. 338) : « L'accusé a-t-il « commis le crime avec telle ou telle circonstance « aggravante ? » De cette formule, et pour des motifs analogues à ceux précédemment donnés au sujet du fait principal, il résulte que le jury doit être mis à même de s'expliquer sur l'existence des éléments constitutifs de la circonstance aggravante. Par exemple, si la circonstance aggravante résulte de ce que le meurtre dont il s'agit dans l'affaire a précédé, accompagné ou suivi un autre crime (art. 304 C. P.) la question relative à la circonstance aggravante doit comprendre : *A*. Tous les éléments constitutifs du crime concomitant : *B*. Le fait même de la concomitance. — On peut aussi faire statuer sur les deux éléments constitutifs que nous venons d'indiquer par deux questions distinctes.

Dans le cas où la circonstance aggravante devrait être établie, non plus vis-à-vis d'un auteur principal, mais vis-à-vis d'un complice, il serait nécessaire de comprendre dans la question de complicité les éléments constitutifs de la circonstance aggravante, ainsi que nous l'avons indiqué déjà à propos du fait principal, et pour la même raison. Suivant les cas encore, il pourrait y avoir lieu, soit à l'expression formelle des éléments constitutifs, soit à une simple référence.

202. — 3° *Question relative à l'excuse.* — Le président, dit l'article 339, doit la poser ainsi qu'il suit : « Tel fait est il constant? » Cette question doit comprendre, pour les motifs déja indiqués, tous les éléments constitutifs de l'excuse d'après la disposition de la loi qui l'établit.

203. — 4° *Question relative au discernement.* — Elle est ainsi posée : « L'accusé a-t-il agi avec discer- « nement? » (art. 340).

204. — 5° *Question subsidiaire résultant des débats.* — Elle est relative à un fait principal, et, par suite, est soumise aux mêmes règles que la question sur ce fait.

205. — Le président pose les questions par écrit (arg. art. 341 et 345), et dans l'ordre indiqué par les art. 337 et suivants, c'est-à-dire en séparant chaque chef d'accusation, et en posant, pour chaque chef, la question: 1° Sur le fait principal : 2° Sur les circonstances aggravantes : 3° Sur les excuses. En dernier lieu vient la question subsidiaire. Cet ordre, n'étant pas prescrit à peine de nullité, peut être modifié, s'il y échet. La feuille des questions doit être datée et signée du président et du greffier, mais aucune de ces formalités n'est exigée à peine de nullité.

206. — Les questions doivent être lues publiquement, ou, tout au moins, portées à la connaissance des parties (spécialement de l'accusé : 2 mai 1878. D. 78, 1, 283), par un moyen quelconque que le procès-verbal doit constater, afin que les parties puissent exercer leur droit de contrôle.

207. — Les questions, même posées et communiquées, peuvent être modifiées; mais, après la communication, cette modification ne peut se faire qu'en présence des parties, leurs observations entendues. La modification peut se faire soit d'office par le président, soit sur la réquisition des parties. En ce dernier cas la cour est tenue de statuer. En effet, la jurisprudence a été amenée, par application de l'article 408, à ressusciter l'article 376 du Code de Brumaire qui l'ordonnait ainsi, et l'incident est contentieux.

208. — Lorsqu'une question résulte des débats, elle peut être posée sur réquisitions, sur la demande d'un juré ou d'office. En ce dernier cas, il est convenable que le président avertisse les parties de son intention de poser la question, avant la clôture des débats. S'il ne le fait, il est au moins tenu de faire connaître, au moment de la lecture, que telle question est posée comme résultant des débats :

cela à peine de nullité. — La question résultant des débats doit porter trace de son origine, car cette origine seule la légitime. Toutefois, la question subsidiaire est toujours présumée résulter des débats.

209. — Les questions posées, le président doit donner certains *avertissements* aux jurés. Il leur fait connaître :

1° Qu'ils doivent voter an scrutin secret (art. 341). Ce scrutin secret, étant établi à l'effet de sauvegarder l'indépendance du jury, est une formalité substantielle. La seule preuve de son exécution étant une présomption qui naît de l'avertissement donné par le président, il en résulte qu'à défaut d'avertissement constaté la formalité doit être tenue pour inaccomplie, ce qui entraîne nullité.

2° Que leur décision, tant contre l'accusé que sur les circonstances atténuantes, se forme à la majorité (art. 347). Cet avertissement n'est pas prescrit à peine de nullité ; mais s'il arrive que, faute d'avertissement, les jurés ne répondent pas à la majorité, ou ne constatent pas, comme l'exige l'article 347, qu'ils ont ainsi répondu, la nullité est certaine pour défaut de majorité.

3° Que, s'ils pensent, à la majorité, qu'il existe en faveur d'un ou de plusieurs accusés reconnus coupables des circonstances atténuantes, ils doivent en « faire la déclaration en ces termes : à la majorité, il « y a des circonstances atténuantes en faveur de l'ac-

« cusé » (art. 341). Cet avertissement n'est prescrit qu'*en toute matière criminelle*. En ces matières il doit être donné, et constaté à peine de nullité. Mais la nullité est couverte si le jury déclare d'office qu'il existe des circonstances atténuantes. — Aucun autre avertissement n'est prescrit, même implicitement, en dehors de ceux que nous avons énumérés. Par suite, le président n'a même pas à avertir le jury qu'il peut délibérer. Mais il peut, en vertu de l'article 336, donner au jury toutes les explications nécessaires pour le mettre à même de remplir ses fonctions (22 mars 1883. S. 85, 1, 392).

210. — Le président fait ensuite la *remise des pièces* aux jurés, en la personne de leur chef. Ces pièces sont les questions et toutes les pièces du procès, autres que les déclarations des témoins (art. 341). Il fait ensuite retirer l'accusé de l'auditoire.

Attributions du jury

211. — Les questions étant remises aux jurés, ils se rendent dans leur chambre pour y délibérer (art. 342). Pendant cette délibération, les jurés ne peuvent communiquer avec personne. En conséquence, l'article 343 décide : 1° Qu'ils ne pourront sortir de leur chambre avant d'avoir formé leur déclaration. En cas de désobéissance, le juré contrevenant *peut* être puni par la cour d'une amende de 500 francs au plus : 2° Que l'entrée de la chambre des délibérations ne peut être permise, pour quelque cause que ce soit. Pour assurer l'exécution de cette disposition, le président est tenu de donner l'ordre spécial et écrit de faire garder les issues de la chambre, au chef de la gendarmerie. En cas d'infraction à l'ordre du président le délinquant, et celui qui n'a pas fait exécuter l'ordre, *peuvent* être punis d'un emprisonnement de vingt-quatre heures.

212. — La loi et la jurisprudence autorisent quelques dérogations à la défense d'entrer dans la salle des délibérations : 1° L'entrée peut être permise par le président et par écrit (art. 343). 2° Le président, lorsque les jurés lui demandent des explications, peut déférer à leur invitation. Cette deuxième exception est, d'ailleurs, vivement critiquée. On objecte qu'il serait plus correct de faire rentrer les jurés à l'audience, et de leur fournir les renseignements nécessaires avec les garanties que donne la publicité. Du reste, remarquons que cette jurisprudence ne s'applique plus lorsque le président est allé trouver les jurés spontanément. Alors il y a nullité. Mais, à défaut de mention spéciale du procès-verbal, on présume que le président n'a été trouver les jurés que sur leur invitation. (14 sept. 1827 J. P. t. 21, p. 801).

213. — Des précautions édictées par l'article 343 que nous venons d'énumérer, on a déduit que la délibération du jury devait être *secrète*, à peine de nullité, et qu'elle ne pouvait avoir lieu que dans la chambre à ce destinée, sous la même peine.

214. — Dès que le jury est entré dans sa chambre, son chef doit, avant tout, lui donner lecture de l'instruction affichée en exécution de l'article 342. D'ailleurs, l'omission de cette formalité reste sans effet, faute de contrôle. Cette lecture faite, on délibère. Le droit de délibérer est formellement écrit dans l'article 5 du décret du 6 mars 1848, mais son exercice n'est pas obligatoire.

215. — Après la délibération, sur le fait principal d'abord, et ensuite sur chacune des circonstances (art. 344), on vote successivement sur chacune des questions, posées par le président ainsi que nous l'avons indiqué. Ces questions épuisées, le chef du jury, en exécution des articles 341 et 345, est *tenu*, en cas de culpabilité reconnue, de faire voter sur le point de savoir s'il existe des circonstances atténuantes en faveur des *accusés reconnus coupables*. Il y a, naturellement, un scrutin pour chaque accusé. (Loi du 13 mai 1836, art. 1er).

216. — Les formes du vote sont les suivantes : Le chef du jury lit le texte de la question. Chaque juré exprime sa réponse par le mot *Oui* ou *Non* qu'il écrit ou fait écrire en secret sur un bulletin qu'il a préalablement reçu du chef du jury. Ce bulletin est remis au chef du jury qui le dépose dans une boîte à ce destinée, puis opère le dépouillement avec le contrôle des votants. L'opération terminée, les bulletins sont brûlés en présence du jury (art. 2 à 5 Loi de 1836).

217. — La décision, tant contre l'accusé que sur les circonstances atténuantes, se forme à la majorité. Antérieurement à la loi du 9 juin 1853, il fallait majorité de sept voix pour toutes les décisions *contre* l'accusé.

Dès qu'un vote est acquis, le chef du jury en consigne le résultat en marge de la question à laquelle il se réfère. La formule à employer varie suivant les cas :

1° Il s'agit d'une réponse aux questions écrites. En ce cas, la loi distingue : — *A*. Si la réponse est *contre* l'accusé, l'article 347 exige que la déclaration constate cette majorité, sans que le nombre de voix y puisse être exprimé, à peine de nullité. Il faudra donc dire : Sur le fait principal et les circonstances aggravantes : *Oui, à la majorité*. Sur les questions d'excuses : *Non, à la majorité*, (12 oct. 1882. S. 84, 1, 353). — *B*. Si la réponse est favorable à l'accusé, la règle est inverse. Il faudra donc répondre : *Non*, sur le fait principal ou sur les circonstances aggravantes : *Oui*, sur les excuses, sans rien ajouter.

2° Il s'agit de constater la réponse sur les circonstances atténuantes. Cette réponse ne doit être constatée que si les circonstances atténuantes sont accordées. Le sont-elles, la déclaration doit ajouter : *A la majorité*, sans que le nombre des voix puisse être exprimé, le tout à peine de nullité (art. 347). S'il y a plusieurs accusés, une déclaration particulière est nécessaire à l'égard de chacun.

218. — La déclaration terminée, le chef du jury la signe en présence des jurés (art. 349), à peine de nullité (13 juillet 1882, D. 82, 5, 145). Il doit également approuver et signer les ratures et surcharges, qui, faute de cette précaution, sont réputées non avenues.

219. — Après la signature du verdict, les jurés rentrent dans l'auditoire, et le chef du jury donne lecture de la déclaration, en se conformant aux formes prescrites par l'article 348. La lecture, en présence des autres jurés, est exigée à peine de nullité. Les autres formalités de l'article 348 ne sont pas, en général, aussi rigoureusement sanctionnées (voir 27 mai 1880. D. 82, 1, 91).

220. — Lorsque la déclaration est régulière — l'appréciation de cette régularité appartient à la cour (4 nov. 1882. D. 83, 1, 432) — le chef du jury la remet au président qui la signe et la fait signer par le greffier (art. 349). Ces signatures sont exigées à peine de nullité, car elles *légalisent* celle du chef du jury et *complètent l'authenticité* de la déclaration. Le verdict signé, le président fait comparaître l'accusé, et le greffier lit, en sa présence, la déclaration du jury (art. 357).

Attributions de la cour.

221. — Nous avons déjà vu la cour intervenir, à l'occasion du verdict, lorsqu'il s'élève quelque difficulté à l'occasion de la position d'une question, ou lorsqu'il s'agit de vérifier la régularité de la déclaration du jury. La cour peut encore avoir à statuer pour faire apporter quelque modification au verdict.

222. — L'article 350 déclare que le verdict du jury ne sera soumis à aucun recours. Malgré ce texte, la jurisprudence admet, en trois hypothèses, une sorte de recours, en ce sens que, sur l'initiative de la cour, une modification est apportée à la déclaration primitive. Cette modification est possible : 1° lorsque *la déclaration est irrégulière* : 2° lorsque, *par l'effet de quelque omission, les questions ne purgent pas l'accusation* ; 3° lorsqu'*un fait nouveau vient modifier les preuves.*

223. — 1° Déclarations irrégulières. — Elles donnent à la cour d'assises le droit de renvoyer les jurés en leur chambre pour y délibérer, à l'effet de rectifier ou de refaire leur verdict.

Ce droit de renvoi, autrefois écrit en l'article 414 du Code de Brumaire an IV, ne peut plus aujourd'hui se réclamer d'aucun texte. Tout au plus peut-on argumenter des mots *en observant les formes* de l'article 352, et dire que les juges ne sont liés par la déclaration que si toutes les formes ont été observées ; néanmoins, malgré le silence de la loi, la théorie de la jurisprudence sur la possibilité du renvoi est unanimement approuvée, car elle est imposée par la nature même des choses. Nous nous souvenons d'avoir entendu un jury déclarer qu'il condamnait l'accusé aux travaux forcés. Il est évident que, dans cette hypothèse, le renvoi s'imposait. Sans aller aussi loin, les jurés peuvent avoir commis des irrégularités manifestes. Il serait absurde d'obliger les juges à en faire état. Toutefois nous devons remarquer que le droit de renvoi, étant exceptionnel, ne doit s'exercer qu'en cas d'absolue nécessité.

224. — Nous ne pouvons énumérer ici les espèces fort nombreuses où la jurisprudence a déclaré qu'il y avait lieu à renvoi du jury à délibérer. Nous nous contenterons par suite d'indiquer, d'une manière générale, que le jury doit être renvoyé à délibérer lorsque sa déclaration est : 1° *incomplète*, c'est-à-dire ne répondant pas à toutes les questions (26 déc. 1878. D. 79, 1, 187); 2° *irrégulière*, c'est-à-dire non revêtue de toutes les formes exigées par la loi (6 déc. 1867. D. 68, 1, 360); 3° *obscure*, c'est-à-dire laissant subsister un doute sur l'intention du jury (27 oct. 1815, J. P. t. 23, p. 88); 4° *contradictoire*, c'est-à-dire contenant des décisions inconciliables (8 déc. 1881. D. 82, 1, 42 et la note); 5° *entachée d'excès de pouvoir*, c'est-à-dire statuant sur un fait ou une circonstance sur lesquels le jury n'a pas été interrogé.

225. — Le renvoi à délibérer ne peut, à peine de nullité, être prononcé que par la cour, seule compétente pour apprécier la régularité du verdict qui doit faire la base de son arrêt. (2 juin 1881. D. 81, 1, 446). En conséquence, le président ne peut exercer le droit de renvoi (4 nov. 1882. D. 83, 1, 432), et le jury ne peut se retirer de lui-même pour délibérer à nouveau. La question est pourtant douteuse dans l'hypothèse où la majorité du jury affirme que la déclaration est inexacte. En pratique, d'ailleurs, aucune difficulté ne s'élève, la cour renvoyant toujours à délibérer.

Le renvoi doit être ordonné par arrêt motivé rendu d'office ou sur les réquisitions des parties. Il peut l'être, même après que le président et le greffier ont signé la déclaration, même après la lecture à l'accusé, tant que la cour n'a pas épuisé son pouvoir, c'est-à-dire tant que l'arrêt n'est pas rendu. (3 juin 1880. S. 81, 1, 208.)

226. — L'effet du renvoi est de rendre aux jurés la plénitude de leur liberté. La théorie contraire, qui a été soutenue en ce qui concerne le renvoi pour simples rectifications matérielles, est formellement, et avec raison, condamnée par la jurisprudence. Tout se passe donc comme si le premier verdict n'avait pas existé, et la cour d'assises ne peut prendre que la dernière déclaration pour base de son arrêt.

227. — Si le jury a été irrégulièrement renvoyé a délibérer, la deuxième déclaration, et par suite l'arrêt qui en est la conséquence, sont nuls. Toutefois, cette nullité n'est prononcée que si elle fait grief à l'accusé, et elle ne l'est que quant à l'application de la peine. La première déclaration, acquise à l'accusé et au ministère public, s'impose donc à la cour de renvoi (24 janvier 1835 Bul. 33.)

228. — 2° Accusation non purgée. — Lorsque, dans les questions posées, se rencontrent des omissions telles que le jury ne peut, à cause d'elles, statuer sur toute l'accusation, la jurisprudence admet, bien qu'il y ait chose jugée sur la position des questions, que la cour peut annuler les premières questions, et rouvrir les débats pour permettre au président d'en poser de nouvelles.

229. — Cette solution a été admise sans difficulté dans une hypothèse où la cour, s'étant aperçue de l'erreur avant la fin de la délibération, avait rappelé le jury avant que sa déclaration fut formée (19 nov. 1835 Bul. 132). Elle l'a été encore, quoique avec plus d'hésitation, dans un cas où la cour n'avait annulé qu'après lecture du verdict par le greffier, « attendu que l'arti- « cle 350, qui porte que la déclaration ne peut être sou- « mise à aucun recours, ne peut s'entendre que d'une « déclaration purgeant l'accusation ». (7 nov. 1850, Bul. 368). Remarquons qu'il faut soigneusement restreindre ce droit de rectification au cas où l'accusation ne serait pas purgée par les questions primitives.

230. — 3° Découverte d'un fait nouveau. — S'il a

pour effet de modifier la preuve produite dans le débat, la jurisprudence, guidée par l'idée que les formes de l'instruction doivent se plier aux événements les plus inattendus dans l'intérêt de la découverte de la vérité, admet que, même après la lecture du verdict, la cour peut, tant qu'elle n'est pas dessaisie, annuler les questions, rouvrir les débats, et permettre ainsi au président de poser de nouvelles questions sur l'ensemble des faits modifiés.

§ 2. — *Suites du verdict.*

231. Tous les actes qui suivent le verdict sont de la compétence du président ou de la cour. Le jury n'a plus aucune attribution. Quant au président, il n'intervient qu'en cas de déclaration de non culpabilité de l'accusé, pour prononcer l'acquittement. La cour seule est compétente en toute autre circonstance.

Attribution du président

232. — Lorsque l'accusé est déclaré non coupable, le président doit prononcer son *acquittement*. L'acquittement avait lieu, sous le Code de Brumaire, dans toutes les hypothèses où il n'y avait pas lieu de prononcer une peine. De nos jours il n'en est plus ainsi, et l'acquittement doit être distingué de *l'absolution*.

L'acquittement doit être prononcé toutes les fois que l'accusé est déclaré *non coupable*, et alors seulement (art. 358). Il y a lieu au contraire à absolution :

1° Si le fait dont l'accusé est déclaré coupable n'est pas défendu par la loi pénale (art. 364) : 2° Si ce fait ne donne pas ou ne donne plus lieu à l'action publique, l'article 364 n'étant pas limitatif : 3° Si le verdict peut donner lieu à une interprétation quelconque. Cette dernière solution résulte des travaux préparatoires ; on en déduit, notamment, que le mineur acquitté comme ayant agi sans discernement doit l'être par arrêt de la cour.

233. — L'acquittement est prononcé, comme l'indique l'article 358, par ordonnance du président. Il y aurait nullité si la cour le prononçait à tort. L'ordonnance est rendue aussitôt après la déclaration du jury, sans conclusions ni délibération. Elle acquiert immédiatement force de chose jugée, et la partie *légalement* acquittée ne peut plus être reprise ni accusée à raison du même fait. Le président en acquittant doit ordonner la mise en liberté de l'accusé, *s'il n'est détenu pour autre cause* (art. 358). De ces derniers mots il résulte que le ministère public peut s'opposer à la mise en liberté lorsque l'accusé est déjà sous le coup d'une autre prévention, que la cour ne peut contrôler sans excès de pouvoir.

Attributions de la cour

234. — La cour doit intervenir en cas de *déclaration de culpabilité*, et pour prononcer, dans tous les cas, sur le *règlement des intérêts civils*.

235. — Lorsque l'accusé est reconnu coupable, la cour peut prendre l'un des trois partis suivants : *renvoyer* ; *absoudre* ; *condamner*.

236. — 1° Renvoi. Dans le cas où l'accusé est reconnu coupable, si la cour est convaincue que les jurés, tout en observant les formes, se sont trompés au fond, elle déclare qu'il est sursis au jugement, et renvoie l'affaire à la session suivante, pour y être soumise à un nouveau jury dont ne peut faire partie aucun des jurés qui ont pris part à la déclaration annulée (art. 352). Ce droit de renvoi, conféré à la cour par le Code de Brumaire, a pour but d'éviter les erreurs judiciaires.

237. — Il résulte du texte de la loi et des travaux préparatoires que le renvoi n'est possible que dans l'intérêt de l'accusé. On en déduit : *A*. Que, s'il n'y a pas lieu à l'application d'une peine, le renvoi ne peut être prononcé ; *B*. Qu'il peut l'être, au contraire, dès qu'il y a lieu à application, ou même à aggravation d'une peine ; *C*. Que le renvoi, prononcé en faveur d'un individu déclaré coupable, ne peut nuire à celui qui a été déclaré non coupable dans la même affaire ; *D*. Que le nouveau jury ne peut être appelé à statuer que sur les points résolus *contre* l'accusé par le premier jury. Les solutions favorables sont irrévocablement acquises, à moins que la division des réponses ne soit impossible.

238. — Le renvoi est prononcé par la *majorité*

de la cour. Avant la loi du 9 juin 1853 il fallait l'*una-nimité*. Bien entendu, il n'est prononcé qu'en faveur des accusés à l'égard de qui la cour estime que le jury s'est trompé. Si donc, de deux accusés reconnus coupables, l'un seulement parait innocent à la cour, le renvoi n'est prononcé qu'en çe qui touche ce dernier. — Nul n'a le droit de provoquer le renvoi. La cour ne peut l'ordonner que d'office immédiatement après que la déclaration du jury a été prononcée publiquement (art. 352). On formule cette règle en disant que le renvoi doit être *spontané* et *immédiat*. Mais ces deux conditions doivent être raisonnablement entendues. Il n'y a pas défaut de spontanéité lorsque les parties plaident que la cour pourrait exercer son droit. Ce qui est prohibé, c'est les réquisitions et conclusions. D'autre part, il n'est pas interdit à la cour de réfléchir avant de se décider. Par suite, le renvoi peut être prononcé après les réquisitions du ministère public et la plaidoirie sur l'application de la peine.

Après la déclaration du deuxième jury, la cour ne peut ordonner un nouveau renvoi, la déclaration fut-elle identique à la première.

239. — Absolution ou condamnation. — Si la cour ne pense pas qu'il y ait lieu d'appliquer l'article 352, le président doit donner la parole au procureur général, pour qu'il fasse ses réquisitions à la cour pour l'application de la loi (art. 362). La réquisition faite, le président demande à l'accusé s'il n'a rien à dire pour sa défense (art. 363). Cette interpellation est prescrite à peine de nullité, car il résulte du texte même qu'elle est prescrite afin d'assurer la défense, et que, par suite, elle est une formalité substantielle (18 août 1881. S. 83, 1, 240). Néanmoins, la nullité n'est pas encourue, si son omission n'a causé aucun préjudice à l'accusé.

240. — L'accusé ou son défenseur peuvent plaider sur l'application de la loi, mais seulement sur elle. En effet, l'article 363 leur interdit de prétendre que le fait est faux. Ils peuvent soutenir seulement que le fait n'est pas défendu ou qualifié délit par la loi, ou qu'il ne mérite pas la peine dont le procureur général a requis l'application. (art. 363). Autrement dit, la criminalité, la qualification du fait et sa gravité par rapport à la peine peuvent être seules discutées. On peut, en outre, proposer toutes les exceptions péremptoires, et demander acte des divers incidents de l'audience à l'effet de les faire valoir devant la cour de cassation. Cette dernière demande ne peut être repoussée sous prétexte qu'elle est tardive (23 fév. 1832, S. 32, 1, 664).

241. — Après les observations de l'accusé, ou lorsqu'il a été mis à même de les produire, les juges délibèrent. La délibération est indispensable, et il est utile, bien qu'elle soit présumée, que l'arrêt la constate. La délibération peut avoir lieu en chambre du conseil, ou sans que la cour quitte son siège. Elle doit se faire à voix basse. (art. 369).

242. — La cour, dans sa délibération et dans l'arrêt qui en résulte, doit prendre pour base unique la déclaration du jury, et se borner à en déduire les conséquences légales. Sur ce point il faut remarquer : 1° — que si l'une des réponses correspond à une question alternative de l'espèce de celles que la jurisprudence autorise, la cour ne doit tenir compte que de l'alternative la plus favorable à l'accusé : 2° — que si le jury a répondu sur un point, sur lequel il n'était pas interrogé, la cour ne doit pas faire état de cette réponse supplémentaire (8 déc. 1881. D. 82, 1, 189), à moins que cette addition ne soit une explication de la réponse principale, auquel cas il y aurait lieu soit d'interpréter, soit de faire rectifier le verdict : 3° — que la cour d'assises doit seule statuer : *A*. Sur l'état de récidive de l'accusé : *B*. Sur l'évaluation des amendes proportionnelles au préjudice causé. Il est vrai que l'évaluation du préjudice est l'appréciation d'un fait, qu'on peut être tenté, pour ce motif, de réserver au jury. Mais, la cour étant seule compétente pour l'application de la peine, on admet sans difficulté qu'elle en doit fixer la mesure, même dans cette hypothèse : *C*. Sur les circonstances atténuantes lorsque les faits reconnus constants par le jury n'ont que le caractère d'un *délit*. En effet, l'article 341 ne donne au jury le droit de prononcer sur les circonstances atténuantes qu'en matière *criminelle* (29 juin 1882 D. 83, 1, 144).

243. — La délibération terminée, la cour rend son arrêt, qui peut aboutir soit à une *absolution*, soit à une *condamnation*.

244. — 1° Absolution : — Nous avons indiqué déjà, à propos de l'acquittement, les hypothèses dans lesquelles il y avait lieu de prononcer l'absolution de l'accusé. Quant à ses effets, l'absolution diffère de l'acquittement à trois points de vue : *A.* L'accusé acquitté peut demander des dommages-intérêts à ses dénonciateurs (art. 358), il n'en est pas de même de l'accusé absous : *B.* L'accusé acquitté ne peut être condamné aux frais, l'accusé absous *peut* l'être (1) : *C.* Le ministère public ne peut se pourvoir, si ce n'est dans l'intérêt de la loi, contre l'ordonnance d'acquittement régulièrement rendue en exécution d'une déclation de non culpabilité, et, en conséquence, l'accusé doit être immédiatement remis en liberté (art. 409, 358). Le ministère public peut, au contraire, se pourvoir contre un arrêt d'absolution (art. 410) ; par suite, s'il a l'intention d'attaquer l'arrêt, l'accusé ne peut être mis en liberté (arg. art. 373).

245. — 2° Condamnation : — Lorsque l'accusé est reconnu coupable, même dans le cas où, d'après les

(1) Peut l'être, par exemple, le mineur acquitté comme ayant agi sans discernement, cet acquittement étant une sorte d'absolution (10 fév, 1876. D. 76, 1, 415).

débats, le fait serait reconnu de la compétence d'une
autre juridiction, la cour condamne l'accusé à la
peine établie par la loi : — à la plus forte seulement
en cas de conviction de plusieurs crimes ou délits
(art. 365) : — en la transformant en réclusion à vie
ou à temps si l'accusé a soixante ans *et* si la peine
encourue est celle des travaux forcés : — en la modi-
fiant à raison des circonstances aggravantes, excuses
et circonstances atténuantes. Rappelons que, si le
jury a accordé des circonstances atténuantes en
matière *correctionnelle*, la cour n'a pas à en faire
état, et qu'elle doit prendre une décision propre sur
ce point (29 juin 1882. D. 83, 1, 144) (1).

246. — Le contenu de l'arrêt étant déterminé, la
cour revient en la salle d'audience et le président
prononce l'arrêt à haute voix, en présence du public
et de l'accusé. Avant de le prononcer, le président
est tenu de lire le texte de loi sur lequel il est fondé
(art. 369). Cette dernière exigence n'a trait, d'après
la jurisprudence, qu'aux textes de la loi pénale dont il
est fait application à l'accusé. Par exemple, si l'accusé est déclaré coupable de plusieurs crimes, il
suffit de lire la loi qui emporte la peine plus forte
(16 sept. 1831 J. P. t. 24, p. 245).

247. — L'arrêt prononcé, le président avertit
l'accusé qu'il peut se pourvoir en cassation, et qu'il

____

(1) L'arrêt, portant condamnation à mort, doit indiquer le lieu de
l'exécution (art. 26 C. P.)

a trois jours pour le faire (art. 371). A défaut d'avertissement, le pourvoi tardif est recevable. — Le président est autorisé, par le même article, à exhorter
l'accusé à la fermeté, à la résignation et à réfor-
mer sa conduite. Ceci ne se peut faire qu'en cas
de condamnation, car toute exhortation à un acquitté
paraîtrait une critique à l'adresse du jury.

248. — L'arrêt doit être écrit par le greffier, qui
y insère le texte de loi appliqué, à peine de 100 francs
d'amende (art. 369). La minute de l'arrêt doit être
signée par les membres de la cour, à peine de
100 francs d'amende contre le greffier, et, s'il y a
lieu, de prise à partie tant contre le greffier que
contre les juges. Elle doit être signée dans les
24 heures de la prononciation de l'arrêt (art. 370).
— Pour les arrêts incidents il suffit de la signature du
président et du greffier (art. 277). D'où l'on a déduit
que leur insertion au procès-verbal leur conférait une
authenticité suffisante, pourvu, d'ailleurs, que l'on y
ait observé les règles qui s'appliquent à toutes les
décisions judiciaires.

249. — Que l'accusé soit ou non reconnu
coupable, la cour doit également statuer sur le
règlement des intérêts civils, c'est-à-dire sur les
restitutions les *dommages-intérêts* et les *frais.*

Nous examinerons rapidement comment il y a lieu
de procéder à l'égard de chacune de ces matières.

250. — *A.* Restitutions : — La loi nomme ordinai-

rement ainsi la remise à la partie lésée des choses
dont elle était en possession avant le délit, et qui
se trouvent sous la main de la justice. Plus généralement, les restitutions dont l'auteur d'une infraction est tenu, c'est le rétablissement de l'état
de choses antérieur au délit. Par exemple, la suppression de l'acte déclaré faux est une restitution.
La loi n'emploie pas, d'ailleurs, le mot restitution
en ce deuxième sens.

Les restitutions ressemblent aux dommages-intérêts en ce sens qu'elles tendent, comme eux, à la
réparation du préjudice causé par le délit. Elles
en diffèrent en ce qu'elles procurent la réparation
directe, tandis que les dommages n'en procurent que
la réparation indirecte. De plus la loi n'a pas soumis
les réparations et les dommages aux mêmes règles.

251. — Les restitutions sont ordonnées en cas
d'absolution, d'acquittement, ou de condamnation
(arg, art. 366 § 1), d'office ou sur réquisition, par
la cour, au bénéfice du propriétaire, celui-ci fut-il un
tiers non présent aux débats. La cour est compétente pour trancher les questions de propriété mobi-
lière qui s'élèvent à raison de ces restitutions.

252. — La restitution peut être différée ou n'être
accordée qu'à certaines conditions : « Néanmoins,
« s'il y a eu condamnation, cette restitution ne sera
« faite qu'en justifiant, par le propriétaire, que le con-
« damné a laissé passer les délais sans se pourvoir,

« ou, s'il s'est pourvu, que l'affaire est définitivement
« terminée », dit l'article 366. La raison de ce retard,
c'est que les objets à restituer sont ordinairement des
pièces de conviction, que la justice doit garder tant
que tout n'est pas irrévocablement fini. Cependant
l'article 474 apporte à cette règle une exception en
matière de contumace. La cour peut, alors, ordonner
la remise immédiate des objets, mais elle peut aussi
ne l'ordonner qu'à charge de les représenter s'il y
a lieu. Le greffier doit alors dresser un procès-verbal descriptif des objets pour sauvegarder les intérêts de l'action publique.

253. — 2° Dommages-intérêts. — La cour peut
allouer des dommages-intérêts aux parties (art. 359)
mais seulement (au contraire des restitutions) sur, et
dans la mesure de leurs conclusions (art. 51, C. P.),
le ministère public entendu.

La compétence de la cour d'assises en matière
de dommages-intérêts la rend apte à résoudre, d'une
manière générale, toutes les questions civiles que font
naître la réclamation et à arbitrer souverainement la
quotité de la réparation. La loi lui interdit seulement
de l'affecter à une œuvre quelconque, les parties
restant d'ailleurs maîtresses d'en disposer à leur gré.

Dans le cas où la liquidation des dommages paraît
devoir soulever quelque difficulté, la cour peut commettre un juge pour entendre les parties, prendre
connaissance des pièces et faire son rapport (art. 358,

336). Elle statue alors, soit en un autre jour de la
session, soit après la fin de la session, car sa compétence est prorogée tant que toutes les questions dont
elle a été saisie n'ont pas été résolues, soit à la
session suivante, par dérogation aux articles 7 et 17
de la loi de 1810 ; mais alors, naturellement, il faut
de nouvelles conclusions et de nouvelles plaidoiries.

254. — Les dommages peuvent être demandés
soit *par l'accusé*, soit *par une partie civile*.

255. — *A*. Dommages demandés par l'accusé.
Il ne sont dûs qu'en cas d'acquittement. L'accusé
peut les obtenir soit de la partie civile, soit de son
dénonciateur, et l'article 358 dispose, afin d'en faciliter la réclamation contre ce dernier, que « le procu-
« reur général sera tenu de lui faire connaître (à l'ac-
« cusé) son dénonciateur ».

Le germe de la disposition que nous venons de
transcrire vient de l'ordonnance de 1560 où la production d'un dénonciateur permettait seule au procureur général d'échapper à une demande en dommages-intérêts de l'accusé. De nos jours, l'article 358
couvre le procureur général dans tous les cas, car
il interdit de poursuivre « les autorités constituées
« à raison des avis qu'elles sont tenues de donner
« concernant les délits dont elles ont cru acquérir la
« connaissance dans l'exercice de leurs fonctions, et
« sauf contre eux la demande en prise à partie s'il
« y a lieu. »

256. — Si l'accusé n'a connu son dénonciateur qu'après la fin de la session, sa demande est portée au tribunal civil. S'il l'a connu après l'affaire, mais avant la fin de la session, il est tenu, à peine de déchéance, de porter sa demande devant la cour d'assises. S'il l'a connu avant la fin de l'affaire, il est tenu, à peine de déchéance, de former sa demande avant le jugement (art. 359). Il suffit, d'ailleurs, que la cour d'assises soit saisie en temps opportun. Si elle ne peut statuer, par exemple parce qu'elle est saisie de conclusions visant des dénonciateurs non présents au procès, elle peut surseoir même jusqu'à la session suivante. Mais, lorsque les dénonciateurs ont été légalement appelés, ils peuvent être condamnés par défaut, et la voie de l'opposition leur est ouverte.

La cour d'assises apprécie souverainement le préjudice causé par la dénonciation ou la poursuite de la partie civile. Elle n'est pas tenue d'accorder des dommages (arg. art. 368), et elle les refuse à défaut de préjudice ou si la bonne foi de la partie civile ou du dénonciateur apparaissent.

257. — *B.* Dommages demandés par la partie civile. La partie civile peut demander devant la cour d'assises des dommages-intérêts tant contre l'accusé lui-même, fut-il mineur, que contre les personnes qui sont civilement responsables du dommage par lui causé (art. 366, - 74 C. P.), mais seulement à raison des faits compris dans l'accusation, car la compétence exceptionnelle de la cour ne peut être étendue à d'autres faits.

258. — Les dommages peuvent être accordés que l'accusé soit *condamné*, *absous* ou *acquitté*. Nous ne distinguerons, néanmoins, que deux hypothèses, les règles qui vont suivre s'appliquant *a fortiori* en cas d'absolution.

259. — *1er cas.* Lorsque l'accusé a été déclaré coupable, l'existence de l'infraction et la culpabilité de l'accusé sont des points définitivement jugés. En conséquence, la cour n'a qu'à examiner si l'infraction a causé un préjudice, et quelle est l'étendue de ce préjudice. Le préjudice déterminé, la cour doit accorder des dommages.

260. — *2e cas.* Lorsque l'accusé a été déclaré non coupable, la cour peut, néanmoins, accorder des dommages-intérêts. Cette faculté, qui résulte des articles 358 et 366, s'explique, comme on l'a fort bien dit, par cette idée que deux comptes distincts sont ouverts à nos fautes, celui de la punition et celui de la réparation. Or, si le compte de la punition ne s'ouvre que lorsqu'un délit pénal a été commis, le compte de la réparation naît dès qu'une faute, si minime qu'on la suppose, a causé à autrui un dommage (art. 1382 C. civ.). Par suite, même lorsqu'il a été déclaré qu'aucune faute pénale n'existait, s'il subsiste une faute civile, celui qui l'a commise est tenu de réparer tout le préjudice qu'elle a causé, car le compte civil est ouvert et doit être soldé. Il faut seulement, et il suffit, que la cour constate l'existence de la faute civile.

261. — Dans cette deuxième hypothèse, comme dans la première, la cour se trouve en présence d'une chose jugée qu'elle doit également respecter. Par suite, son arrêt ne peut, à peine de nullité, contredire le verdict (24 juin 1884. S. 86, 2, 57). Ce principe est certain ; mais la difficulté surgit lorsqu'on cherche à déterminer dans quel cas l'arrêt peut accorder des dommages-intérêts, sans contredire le verdict. La réponse à cette question découle logiquement de ce que nous avons déja dit des attributions du jury.

262. — Le jury, nous le savons, est juge de la culpabilité, et pas d'autre chose. En conséquence, lorsqu'il a répondu négativement à la question qui lui était posée, il a seulement déclaré que l'accusé n'était pas responsable, au point de vue pénal, des faits qui lui étaient reprochés. Mais cette déclaration n'exclut ni l'existence des faits, ni la culpabilité civile de l'accusé. Par suite, la cour peut toujours déclarer l'existence de ces faits et de cette culpabilité civile, pour en déduire qu'il y a lieu à l'allocation de dommages-intérêts. Par exemple, le jury a déclaré que l'accusé n'était coupable ni de meurtre, ni d'homicide par imprudence. Des réparations civiles peuvent néanmoins être accordées, parce que rien, dans cette déclaration, n'empêche de dire que le fait matériel de l'homicide a été commis par l'accusé, et qu'il a été en faute en le commettant.

263. — En serait-il de même si, des circonstances de la cause, il résultait que le verdict, en niant la culpabilité de l'accusé, dénie également l'existence des faits matériels ? Oui. En effet, le jury ne statue que sur la culpabilité pénale, et sans donner de motifs à l'appui de sa décision. Par suite, quelle que soit la manière dont les débats permettent d'interpréter le verdict, la cour peut allouer des dommages-intérêts, car personne ne peut dire que le jury a entendu nier l'existence des faits matériels, encore qu'il paraisse au public, d'après les débats, que l'inexistence des faits résulte évidemment d'une déclaration négative sur la culpabilité. — La même solution devrait être donnée, même si le jury avait déclaré formellement que les faits matériels n'ont pas eu lieu. En effet, il n'est juge que de la culpabilité. Si donc il statue en particulier sur l'existence des faits, c'est un excès de pouvoir dont la cour n'a pas à tenir compte.

264. — A l'inverse, le jury étant juge de la culpabilité, il en résulte que la cour ne peut rendre aucune décision sur les dommages contredisant le verdict. Par exemple, elle ne pourrait déclarer que l'accusé a commis le fait dont s'agit avec intention de nuire, et que, par suite, il doit des réparations civiles. En effet, l'intention de nuire est un élément de la criminalité que le jury a déclaré ne pas exister. De même, la cour ne pourrait considérer comme une faute passible de dommages l'acte de celui que le jury a acquitté, parce qu'il l'a commis en état de légitime défense. Remarquons, cependant, que cette solution ne s'applique qu'en supposant que l'accusé s'est tenu strictement dans les limites de la légitime défense. Si, emporté par la colère ou par son courage, l'accusé a outrepassé, si peu que ce soit, son droit de défense, il peut être considéré comme en faute, et condamné à des réparations civiles.

265. — En résumé, tout verdict négatif peut être suivi de dommages-intérêts, à la condition qu'il n'existe aucune contradiction entre l'arrêt et le verdict. Suffit-il que cette contradiction n'existe pas pour que l'arrêt soit inattaquable, ou faut-il encore qu'il démontre qu'elle n'existe pas ? La cour de cassation, avec raison semble-t-il, impose à la cour d'assises de démontrer qu'elle ne contredit pas la déclaration du jury. Le motif de cette exigence, c'est que les jugements doivent être motivés en droit et en fait. Or, pour que l'arrêt soit motivé en fait, il ne suffit pas qu'il se concilie avec le verdict « au point de vue « des principes et des choses possibles », il faut, en outre, qu'il indique celui ou ceux des faits de la cause dont il fait découler la responsabilité, qu'il fasse connaître pourquoi cette responsabilité en découle, et qu'il démontre que l'harmonie existe, en fait, entre la condamnation civile et l'acquittement (Voir : M. Ortolan : Acquittement pénal et condamnation civile : *Rev. prat.*, t. 17, p. 385. — M. Beudant : Influence du criminel sur le civil : *Rev. crit.*, t. 14, p. 492. — M. Labbé : S. 1864, 1, 508 en note).

26 . — La partie civile doit former sa demande avant la clôture du débat (art. 67, C. P art. 359); mais, lorsqu'elle s'est constituée en temps opportun, elle peut, même après l'arrêt de condamnation, fixer le montant de sa demande non précisé jusque là.

267. — 3º Frais. — Dans l'ancien droit, les frais *de défense* étaient à la charge de l'accusé qui devait en faire l'avance, à moins qu'il ne fut insolvable. Les frais *de poursuite* et *d'exécution* étaient supportés par le roi ou le seigneur haut justicier, qui devait en faire l'avance, à moins qu'il n'y eut une partie civile en cause. Celle-ci n'avait de recours que contre le condamné. La règle de l'ancien droit, maintenue en 1790, en l'an V, et en l'an VI, fut modifiée par la loi du 18 germinal an VII, complétée par la loi du 5 pluviôse an XIII, desquelles il résulte que le trésor fait l'avance des frais, mais ne les garde à sa charge que si l'accusé n'est pas condamné, *et* s'il n'y a pas de partie civile en cause. Des considérations fiscales motivèrent ces innovations.

268. — De nos jours, les règles sur les frais sont contenues dans les articles 162, 194, 368. La loi du 28 avril 1832, qui a ajouté le paragraphe deuxième de l'article 368, est venu abroger, pour les affaires soumises au jury, l'article 157 du décret du 18 juin 1811 qui décidait que les parties civiles, qu'elles succombent ou non, seraient personnellement tenues des frais. De ces divers textes il résulte que les accusés et les parties civiles sont tenus des frais lorsqu'ils succombent, mais alors seulement (1).

L'accusé est réputé avoir succombé même si la condamnation n'est pas en rapport avec la poursuite, même s'il est acquitté en qualité de mineur de seize ans ayant agi sans discernement. Toutefois cette dernière solution est contestée. Quant à l'accusé absous, on distingue : si la poursuite a été faite à tort, par exemple si l'action publique était prescrite, l'accusé ne doit pas supporter les frais. Il en est autrement si la poursuite, bien que n'aboutissant pas à une condamnation, devait légalement avoir lieu, par exemple si l'accusé était exempté de peine à raison d'une excuse.

Lorsqu'une condamnation aux frais est possible, la jurisprudence décide que le condamné est tenu de tous les frais, même de ceux faits à l'occasion des coaccusés acquittés.

La partie civile est réputée avoir succombé lorsque l'accusé a été acquitté ou absous, même si des

______

(1) L'accusé acquitté supporte ses frais personnels.

dommages lui ont été accordés. La doctrine repousse cette solution, admise depuis longtemps par la cour de cassation, dans l'hypothèse où la partie civile a obtenu les dommages qu'elle réclamait. Il est en effet bien difficile de considérer comme ayant succombé la partie qui a obtenu ce qu'elle demandait.

La condamnation aux frais doit être prononcée par arrêt. Ces frais sont liquidés par la cour qui peut ne pas statuer immédiatement sur leur liquidation.

CHAPITRE III

APPENDICE

§ 1er. — *Mesures à prendre en cas de suspicion de faux témoignage, ou de révélation de crimes ou de délits au cours des débats.*

269. — Si, d'après les débats, la déposition d'un témoin paraît fausse, le président peut, d'office ou sur réquisitions, faire mettre sur le champ ce témoin en état d'arrestation (art. 330).

Afin de faciliter la découverte du faux témoignage, la loi, dérogeant à la défense par elle écrite en l'article 318 de faire mention au procès-verbal du contenu des dépositions, défense motivée par son désir d'empêcher tout contrôle de la déclaration du jury, ordonne que le président, d'office ou sur réquisitions, fasse tenir note par le greffier des additions changements et variations qui peuvent exister entre la *déposition* du témoin et ses *précédentes* déclarations (art. 318). (1) Cette précaution peut d'ailleurs

(1) Cette règle n'est applicable qu'aux témoins ayant déposé dans l'instruction écrite. En effet le mot *déposition,* employé par l'article 318,

être négligée à défaut de réclamations formelles, la loi n'édictant aucune nullité.

270. — L'arrestation du témoin dont la déposition paraît fausse est une véritable mise en prévention. Il en résulte qu'elle ne peut être ordonnée que lorsque les caractères du délit de faux témoignage se trouvent réunis, mais qu'il suffit d'indices graves de ce délit pour qu'on puisse l'ordonner. Le Code de Brumaire exigeait un faux témoignage *évident*.

271. — Avant d'ordonner la mise en prévention d'un témoin, le président peut l'avertir du danger qu'il court. Mais il ne peut, bien que la jurisprudence l'ait admis par *a fortiori* de l'article 330, mettre le témoin en surveillance. Notre loi autorise, en effet, la main-mise de la justice sur le prévenu, mais non des mesures d'intimidation contre les témoins.

Le témoin arrêté peut se rétracter jusqu'à la clôture des débats. En effet, la déposition doit être prise dans son ensemble. Si donc un mensonge a été fait, la rétractation l'efface et efface le délit. Dès que le faux témoignage a ainsi disparu, le mandat d'arrestation tombe de lui-même et le président doit donner l'ordre de mettre le témoin en liberté.

272. — En cas de révélation au cours des débats de délits antérieurement commis, les mesures à prendre varient suivant qu'il s'agit de tiers ou de l'accusé.

comprend tous les dires du témoin au cours du procès. Les *précédentes* déclarations ne peuvent donc être que celles de l'instruction écrite.

273. — Si ces crimes ou délits sont imputables à un tiers, il faut distinguer : — 1° S'il s'agit d'un faux sur lequel et sur l'auteur de qui la cour d'assises trouve des indices, l'article 462 dispose que l'officier chargé du ministère public, où le président, transmettront les pièces au substitut du procureur général près le juge d'instruction compétent : le président pourra même délivrer un mandat d'amener. — 2° S'il s'agit de tout autre délit, les textes manquent, mais on peut induire de l'article 462 que le président a le pouvoir de prendre des mesures conservatoires. En conséquence, si le délinquant est à portée, si c'est par exemple un des témoins du procès, le président peut décerner contre lui un mandat d'amener, et le renvoyer devant la juridiction d'instruction. Mais ni lui, ni la cour ne peuvent ordonner qu'il soit déposé en la maison de justice (28 mars 1884. D. 85, 1, 93).

274. — Si les crimes ou délits révélés sont à la charge de l'accusé, il faut distinguer suivant que l'accusé est condamné ou acquitté. — 1° Si l'accusé est déclaré non coupable, le président, après avoir prononcé l'acquittement, ordonne des poursuites à raison du nouveau fait : en conséquence il renvoie l'accusé en état de mandat de comparution ou d'amener, suivant les distinctions établies par l'article 91, et même en état de mandat d'arrêt, s'il y échet, devant le juge d'instruction de l'arrondissement où siège la cour, pour y être procédé à une nouvelle instruction. L'article 361 qui pose ces règles subordonne l'attribution du président à deux conditions : *A*. Il faut qu'il s'agisse de faits *nouveaux* révélés au cours des débats, ce qui désigne seulement les faits distincts et séparés de ceux compris dans la poursuite, et pouvant donner lieu a une accusation principale. Tous les autres faits, qui ne sont que des modifications de l'accusation, doivent être soumis au jury comme résultant des débats. *B*. Il faut que le ministère public ait fait des réserves à fin de poursuites avant la clôture des débats. — 2° Si l'accusé est déclaré coupable, et si les crimes nouvellement manifestés méritent une peine plus grave que les premiers, ou s'il a des complices en état d'arrestation, *la cour* doit ordonner des poursuites à raison de ces nouveaux faits, en même temps qu'elle prononce la condamnation. En ce cas, le procureur général doit surseoir à l'exécution jusqu'à ce qu'il ait été statué sur le deuxième procès (art. 379). Il ne faudrait pas conclure de là que, si les crimes nouvellement manifestés méritaient une peine moins grave, ils ne seraient pas poursuivis. La loi a visé seulement l'hypothèse où le nouveau crime est plus grave, et celle où il y a des complices en état d'arrestation, parce qu'alors seulement il est utile de surseoir. Lorsque la peine est moins grave, l'utilité du sursis n'existe plus, la peine prononcée devant seule s'exécuter à raison du principe de non cumul (27 janv. 1881. S. 82, 1, 439).

§ 2. — *Contumace.*

275. — Le point de départ de la procédure de contumace est la signification au domicile de l'accusé de l'arrêt de renvoi et de l'acte d'accusation. Dix jours après, si l'accusé n'est pas sous la main de la justice, soit parce qu'il n'a pas été arrêté, soit parce qu'il s'est évadé, le président (ou le magistrat qui le remplace) rend l'ordonnance de contumace. Cet acte intime à l'accusé l'ordre de se présenter dans les dix jours suivants, et l'avertit que, s'il n'obéit, il sera déclaré rebelle à la loi. L'ordonnance indique les conséquences de cette rébellion qui sont: 1° La suspension de l'exercice des droits de citoyen ; 2° Le séquestre des biens ; 3° La déchéance du droit d'agir en justice pendant l'instruction de la contumace. L'ordonnance doit, en outre, faire mention du crime et de l'ordonnance de prise de corps, dire que toute personne est tenue d'indiquer le lieu où le contumax se trouve, avertir ce dernier qu'il sera procédé contre lui (art. 465).

276. — Afin de porter cette ordonnance à la connaissance de l'accusé, il faut à peine de nullité : 1° La notifier au domicile de l'accusé, conformément aux règles ordinaires (art. 69 Pr. C.): 2° L'afficher à la porte du maire du domicile de l'accusé — à la porte de l'accusé — à la porte de la cour d'assises — : 3° La publier le dimanche suivant sa reddition, à son de trompe ou de caisse, au domicile de l'accusé ou au chef-lieu de la cour s'il n'est pas connu. (art. 466).

277. — Si, avant l'expiration du délai de dix jours imparti par l'ordonnance, l'accusé se présente, il est procédé contre lui suivant les formes ordinaires. Si l'accusé ne se représente pas, les menaces contenues dans l'ordonnance se réalisent (art. 467). Il est donc procédé au jugement.

278. — La procédure de contumace a 3 caractères distinctifs : 1º Elle ne comporte pas l'intervention du jury (art. 470). 2º Le jugement a lieu sur pièces, sans dépositions orales (art 470). 3º Aucun conseil ne peut venir défendre l'accusé contumax (art. 468). Si, pourtant, l'accusé est hors de France, ou s'il est dans l'impossibilité absolue de se rendre, ses parents et ses amis peuvent présenter son excuse et en plaider la légitimité (art. 468). Il paraît naturel que la cour accepte, d'office, l'excuse lorsqu'elle la connait et que personne ne vient la plaider devant elle.

Si la cour trouve l'excuse légitime, elle ordonne qu'il soit sursis au jugement de l'accusé et au sequestre de ses biens pendant un temps qui sera fixé eu égard à la nature de l'excuse et à la distance des lieux (art. 469). Hors ce cas, il est procédé de suite à la lecture de l'arrêt de renvoi, de l'ordonnance de contumace, et des procès-verbaux en constatant la notification et l'affiche. Après cette lecture, la cour,

sur les réquisitions du ministère public, prononce
sur la contumace. Si la procédure est irrégulière,
elle l'annule et ordonne qu'elle sera reprise à partir
du plus ancien acte nul. Si la procédure est régulière elle statue seule sur l'accusation après en avoir
examiné les faits (art. 470).

279. — L'arrêt peut prononcer soit un acquittement, soit une absolution, soit une condamnation. En
ce dernier cas, des circonstances atténuantes peuvent
être accordées à l'accusé. On l'a contesté, il est vrai,
en se fondant sur l'article 341, qui attribue au jury
le droit de statuer sur les circonstances atténuántes
en matière criminelle, et en disant que là où il n'y a
pas de jury il n'y a pas de circonstances atténuantes
faute d'autorité compétente pour les déclarer.
Mais une pareille théorie est inadmissible. En effet,
il serait absurde que la cour, qui peut statuer sur la
culpabilité, ne put pas statuer sur les degrés divers
de cette culpabilité qu'elle est chargée d'apprécier.
L'argument de texte tiré de l'article 341 tombe
devant la remarque qu'il ne s'est pas référé à l'hypothèse d'une contumace (Contra 4 mars 1842. S. 42,
1, 471. — Blanchet, 6, n° 674).

280. — Après le jugement de l'action publique
la cour statue, comme en matière contradictoire, sur
les demandes de la partie civile.

281. — Lorsque le contumax meurt sans se représenter, l'arrêt prononcé contre lui demeure irrévo-

cable. Lorsqu'il se représente, on distingue : L'arrêt était-il d'acquittement ou d'absolution, il est définitivement acquis. Etait-il de condamnation, on sous distingue : si la peine est prescrite, tout demeure en l'état. Dans le cas contraire, les procédures faites depuis l'ordonnance de prise de corps ou de se représenter et le jugement sont anéantis de plein droit, et il doit être prononcé en la forme ordinaire. Disons un mot sur chacune des trois propositions de cette dernière phrase, qui résume en partie l'article 476.

282. — 1° Les procédures sont anéanties de plein droit. — Il est assez difficile d'indiquer le point de départ de cet anéantissement, la loi désignant à la fois deux actes qui ne sont pas contemporains, l'ordonnance de prise de corps et l'ordonnance de contumace. La jurisprudence admet que c'est de cette dernière, elle comprise, que part l'annulation, car il serait difficile d'admettre que la représentation du contumax put avoir effet sur des actes qui n'ont aucun rapport avec l'état de contumace (22 déc. 1853. Bul. 591).

283. — 2° Le jugement est rétroactivement anéanti. — Cet anéantissement atteint tous les effets qu'il a pu produire. Cependant, si le condamné ne se représente que cinq ans après l'exécution par effigie, la double incapacité de disposer ou recevoir à titre gratuit, quand elle a été encourue, conserve ses effets dans le passé (art.476).

284. — 3° Il est procédé dans la forme ordinaire. — Sur ce point, une difficulté sérieuse peut se présenter si l'accusé, traduit en cour d'assises en qualité de contumax, conteste son identité, c'est-à-dire prétend qu'il n'est pas l'individu condamné autrefois par contumace. Quel est le juge de cette identité ? Nous croyons que c'est le jury, voici pourquoi :

285. — Supposons que Pierre soit accusé de vol. Paul, sur lequel on a mis la main par erreur, vient dire au jury. Il est certain que Pierre a commis le vol dont s'agit. Mais je ne suis pas Pierre, je suis Paul. Par conséquent, lorsqu'on vous demandera si j'ai commis le vol en question, vous répondrez : Non. La dénégation d'identité a pour but, dans cette hypothèse, de faire déclarer l'accusé non coupable. C'est donc un moyen de défense, et, comme le jury statue sur la culpabilité et par suite sur les moyens de défense, c'est lui qui sera chargé de résoudre, dans notre espèce, la question d'identité : Sur ce point tout le monde est d'accord.

Modifions les faits. Pierre a été condamné, par contumace, pour vol. Paul est arrêté par erreur, et il vient dire. Il est certain que Pierre a commis un vol et a été, pour ce fait, condamné par contumace. Mais je ne suis pas Pierre, je suis Paul. Par conséquent, lorsqu'on vous demandera si j'ai commis le

vol dont s'agit, vous répondrez : Non. La dénégation
d'identité a encore pour but, dans cette hypothèse,
de faire déclarer l'accusé non coupable. C'est donc
encore un moyen de défense, et, comme le jury statue sur la culpabili té, et par suite sur les moyens de
défense, il semble que ce soit encore lui qui, dans
notre hypothèse, doive résoudre la question d'identité.
La compétence du jury est d'autant plus vraisembla-
ble que l'article 476, ainsi que nous l'avons déjà
indiqué, prend la peine de nous dire que, dès qu'il
y aura eu arrestation du contumax, il sera procédé
contre lui *en la forme ordinaire*. Or, la forme ordinaire,
c'est de faire juger tous les moyens de défense par
le jury.

286. — La jurisprudence n'accepte pas cette interprétation. Elle est d'avis que, lorsque l'accusé conteste son identité avec le contumax, la cour doit,
avant de procéder aux débats, vérifier cette identité.
Lorsque la cour a décidé que l'accusé est bien le
contumax, on passe aux débats. Alors, l'accusé est
libre de plaider que la cour s'est trompée, qu'il n'est
pas le contumax, et il est loisible au jury de lui
donner raison contre la cour.

Voici son argumentation :

Par suite de l'arrestation d'un homme présumé
contumax, deux hypothèses peuvent se présenter :

1re hypothèse. L'individu arrêté avoue qu'il est le
contumax. Il n'y a pas de doute sur son identité.

Alors, par le fait de sa représentation, procédure, jugement, tout tombe, et il y a lieu de procéder à son égard en la forme ordinaire, c'est le cas que règle l'article 376.

2° hypothèse. L'individu arrêté conteste qu'il est le contumax, et il y a doute sur son identité. Dans ce cas, la procédure, le jugement de contumace vont-ils tomber, et faudra-t-il procéder à l'égard de l'accusé en la forme ordinaire ? Ça dépend. Oui, si cet accusé est le contumax, car l'article 376 le veut ainsi. Non, s'il n'est pas le contumax, car : *A*. L'arrestation d'un tiers ne peut avoir aucun effet sur la procédure de contumace. *B*. Le tiers, arrêté par erreur, ne doit même pas être traduit devant le jury, puisque l'arrêt de renvoi lui est étranger. — Ainsi, suivant qu'il est ou n'est pas le contumax, l'accusé doit être jugé sur le champ, ou il ne doit pas l'être. Par conséquent, la question de savoir qui il est est préjudicielle, et doit être tranchée avant tout jugement.

Par qui la question préjudicielle d'identité doit-elle être tranchée ? La loi le dit formellement dans les articles 518 et 519. « La reconnaissance de l'iden- « tité d'un individu condamné, évadé et repris sera « faite par la cour qui aura prononcé sa condamna- « tion. » — « Tous ces jugements seront rendus sans « assistance de jurés. » Il résulte du texte que c'est la cour qui doit procéder à la vérification de l'identité.

Supposons qu'après cette vérification la cour décide que l'accusé est bien le contumax. Alors, ainsi qu'il a été indiqué, l'article 376 s'applique. On procède en la forme ordinaire. Mais, en la forme ordinaire, l'accusé peut produire devant le jury tous les moyens de défense qui lui semblent bons, et le jury les juge tous. Donc, l'accusé peut plaider qu'il n'est pas le contumax, le jury peut lui donner raison, et le président, en exécution du verdict, acquittera, parce qu'il n'est pas le contumax, celui qui vient d'être jugé parce que, dans le même procès, la cour avait déclaré qu'il était bien le contumax.

287. — Voici notre réponse : — Un individu prétendu contumax est traduit en cour d'assises. Supposons que la cour statue préjudiciellement sur son identité. Elle peut déclarer qu'il est ou qu'il n'est pas le contumax.

1° Il est le contumax : La conséquence, c'est que le jury doit aussitôt le juger (art. 376).

2° Il n'est pas le contumax : Qu'arrivera-t-il en ce cas ? Les arrêts disent que l'accusé doit être aussitôt relaxé, sans être soumis au jury. Mais c'est une erreur, d'après la jurisprudence elle-même. En effet, cet accusé, déclaré non contumax, est dans la situation d'un accusé ordinaire qui prétend que l'arrêt de renvoi, l'ordonnance de prise de corps etc. ne lui sont pas applicables. Or, qui est compétent pour statuer sur l'applicabilité de ces actes à l'accusé, et par suite sur son identité? C'est le jury (29 nov. 1833, J. P. t. 2, p. 1003). Par conséquent, la cour ne peut, sans excès de pouvoir, relaxer l'individu qu'elle déclare non contumax. Mais alors, quoi que la cour décide sur la contumace, l'accusé doit toujours être soumis au jury. Par conséquent aucune question ne se pose sur le point de savoir si l'accusé doit être ou non jugé par le jury. Il n'y a donc aucune utilité à déterminer préjudiciellement que l'accusé est ou non contumax.

288. — La cour a-t-elle, tout au moins, le devoir ou le droit de faire préjudiciellement cette vérification d'identité inutile? D'après le droit commun, non, puisque le jury statue sur l'identité. Mais n'y a-t-il pas un texte dérogatoire. On invoque les articles 518 et 519. Examinons cet argument.

Ces articles ne viennent pas de l'ancien droit. Leur principe fut posé en l'an VIII dans les circonstances suivantes : Un individu condamné à mort contradictoirement s'évada et fut repris. Il nia son identité avec le condamné, et l'on se demanda comment il fallait procéder pour la vérifier. Alors intervint la loi du 22 frimaire de l'an VIII qui décida : 1° Que la reconnaissance de l'identité de l'individu condamné, évadé et repris appartiendrait au tribunal qui aurait prononcé la condamnation. 2° Que les jurés n'auraient pas à intervenir dans cette reconnaissance.

Le 24 vendémiaire an XIII, le projet du Code étant soumis au conseil d'État, la loi de l'an VIII, qu'il reproduisait, fut accueillie défavorablement. On fit observer que le projet ne s'appliquait qu'aux condamnés évadés de prison et repris, et qu'il était inutile de maintenir une procédure spéciale pour un cas aussi exceptionnel. Personne ne dit un mot de la reconnaissance du contumax.

Quatre ans plus tard, le projet revint au conseil d'État, et l'exposé des motifs disait à propos de la disposition de la loi de l'an VIII qui était maintenue : « Il n'y a nulle nécessité d'appeler les jurés, « parce qu'il s'agit moins d'un jugement, que de « l'exécution d'un jugement déjà rendu par les « jurés ». Il n'y eut aucune discussion, et le projet fut adopté.

De ces travaux préparatoires, il résulte que nos articles ne s'appliquent, ainsi que l'article 518 le dit en propres termes, qu'à « la reconnaissance d'un « individu *condamné, évadé* et *repris* ». Or, si le contumax peut être considéré comme un *condamné*, ce qui est contestable puisque le jugement de condamnation est évanoui de plein droit dès sa prise, il ne peut être considéré comme *évadé* et *repris*. Par conséquent, les articles 518 et 519 lui sont inapplicables.

Conclusion.— 1° Il est inutile que la cour vérifie préjudiciellement l'identité du contumax. 2° Aucun texte

ne l'autorise à procéder à cette vérification préjudicielle. 3° Le droit commun, auquel l'article 476 se
réfère, confie au jury le soin de vérifier l'identité des
accusés, par suite c'est au jury seul qu'il appartient
de reconnaître que tel individu traduit devant lui est
ou non le contumax visé par l'arrêt de renvoi. (Voir
sur la question: Dalloz, au mot *Evasion*. — *Rev. de
législ.* t. 1, p. 315. — Cass. 5 août 1834. S. 35, 1, 49.
— 4 nov, 1865. S. 66, 1, 308. — F. Hélie, n° 3878).

289. — Nous avons déjà indiqué que, lorsque le
contumax était arrêté, il devait être procédé à son
égard en la *forme ordinaire* (art. 476). Cette règle
générale souffre deux exceptions.

1° « Si, pour quelque cause que ce soit, des témoins
« ne peuvent être produits aux débats, leurs déposi-
« tions écrites et les réponses écrites des autres accu-
« sés seront lues à l'audience » (art. 477). Cet article,
qui déroge à la règle de l'*oralité* du débat, a pour but de
permettre de se passer des témoins qui ont pu disparaître pendant la contumace. La lecture de la déposition remplace donc la déposition elle-même. Par
suite elle est soumise aux mêmes règles, autant qu'il
se peut faire. Ainsi : *A*. Les dépositions des témoins
notifiés doivent être lues à peine de nullité. *B*. L'accusé ne peut s'opposer à la lecture de la déposition
d'un témoin non reprochable. *C*. Les parties peuvent
renoncer à la lecture d'une déposition, etc.

La lecture des interrogatoires des coaccusés ayant

le même but que la lecture de la déposition des témoins
est exigée comme elle à peine de nullité.

Seront aussi lues à l'audience « toutes les autres
« pièces, jugées par le président être de nature à
« répandre la lumière sur le délit et les coupables »
(art. 447) Cette disposition est facultative.

2° « Le contumax qui, après s'être représenté,
« obtiendrait son renvoi de l'accusation, sera tou-
« jours condamné aux frais occasionnés par sa con-
« tumace » (art. 478). Cette disposition est applicable que l'accusé contumax se soit représenté
avant ou après l'arrêt. C'est une sorte de peine.

§ 3. — *Constatation de l'identité des individus condamnés, évadés et repris.*

290. — Elle est faite par la cour qui a prononcé la condamnation (art. 518). Nous avons
déjà indiqué l'historique de cette règle. Sa raison d'être, c'est que les juges qui ont prononcé la
condamnation sont mieux à même que qui que ce
soit de statuer sur la reconnaissance. En conséquence, tout autre tribunal est incompétent. Cependant, si le tribunal de la condamnation avait disparu,
la cour de cassation pourrait en désigner un autre à
la suite d'un règlement de juges.

La constatation d'identité n'a naturellement lieu
qu'en cas de contestation du détenu. Elle se fait sans

instruction préalable, par simple traduction devant la cour. Le jugement a lieu sans jury, les témoins des parties entendus, après débat oral et contradictoire (art. 519).

La même procédure sert à constater l'identité d'un individu condamné à la déportation ou au bannissement qui a enfreint son ban et est repris (art. 518).

POSITIONS

DROIT ROMAIN.

Positions prises dans la thèse

I. — Sous Justinien, l'usufruit s'éteint par non usage. Il n'est pas besoin d'une *usucapio libertatis* (n° 73).

II. — L'usufruitier acquiert le croît des animaux par la perception, comme les autres fruits naturels (n° 98).

III. —- L'usufruitier acquiert les fruits qu'il perçoit par *tradition* et non par *occupation* (n° 99).

IV. — La créance de fermages résultant de la location d'une chose productive de fruits naturels s'acquiert comme les fruits naturels (n° 102).

Positions prises en dehors de la thèse.

V. — Dans les obligations à terme, l'arrivée de l'échéance ne met pas le débiteur en demeure de plein droit : *Dies non interpellat pro homine.*

VI. — Marc-Aurèle, en rendant la compensation possible dans les *stricta judicia*, fit une innovation; il ne sanctionna pas simplement une jurisprudence antérieure.

VII. — Même sous Justinien, il n'y avait pas à Rome de compensation légale.

VIII. — Les servitudes ne s'établissent pas par pactes et stipulations, même dans le droit de Justinien.

IX. — A l'époque classique l'*infantia* dure jusqu'à 7 ans.

DROIT CRIMINEL.

Positions prises dans la thèse

I. — Aucune exception d'incompétence ne peut être proposée devant la cour d'assises (n° 121).

II. — La question de savoir si l'accusé de banqueroute a la qualité de commerçant failli n'est pas une question préjudicielle (n° 138).

III. — En règle générale, le jury n'est point juge de la qualification légale des faits (n° 164).

IV. — Le jury est juge de l'identité du contumax qui subit un débat contradictoire (n° 284).

V. — En cas de contumace, la cour d'assises peut accorder des circonstances atténuantes (n° 279).

POSITIONS PRISES HORS DE LA THÈSE

DROIT CIVIL.

I.— L'interdiction judiciaire du mari n'autorise pas, à elle seule, la femme à demander la séparation de biens.

II. — La reconnaissance forcée, c'est-à-dire la constatation d'une filiation naturelle résultant d'un jugement intervenu sur une action en recherche de maternité, ne peut, si elle intervient après le mariage de la mère, nuire ni à son conjoint, ni aux enfants nés du mariage.

III. — La nullité du contrat de mariage passé par un mineur, non habilité comme l'exige l'article 1398, est simplement relative.

IV. — L'action en revendication se perd par non usage.

V. — Le débiteur qui n'a pas de biens présents, peut hypothéquer ses biens à venir.

PROCÉDURE CIVILE.

I. — Les enquêtes à futur sont interdites dans notre droit.

II. — L'effet du jugement de défaut congé, est simplement de relaxer le défendeur de l'assignation.

DROIT PUBLIC.

La loi du 28 mars 1882, sur l'obligation de l'enseignement primaire, n'est pas applicable aux étrangers.

DROIT INTERNATIONAL PRIVÉ.

Les femmes mariées étrangères n'ont pas d'hypothèque
légale en France.

<table>
<tr><td>Vu par le Doyen,
Ch. Beudant.</td><td>Vu par le Président de la Thèse,
P. Cauwès.</td></tr>
</table>

VU :
et permis d'imprimer,

*Le Vice-Recteur
de l'Académie de Paris,*
Gréard.

TABLE DES MATIÈRES

DROIT ROMAIN

DE L'EXTINCTION DE L'USUFRUIT.

DROIT FRANÇAIS

DES ATTRIBUTIONS DU PRÉSIDENT DES ASSISES DE LA COUR D'ASSISES ET DU JURY.

Imp. G. Saint-Aubin, 12 rue de Bar, Saint-Dizier, (Haute-Marne).